高校思政理论课教学实务研究

严昌莉　著

北京工业大学出版社

图书在版编目（CIP）数据

高校思政理论课教学实务研究 / 严昌莉著 . — 北京 ：
北京工业大学出版社，2021.5
ISBN 978-7-5639-7965-3

Ⅰ . ①高… Ⅱ . ①严… Ⅲ . ①高等学校－思想政治教
育－教学研究－中国 Ⅳ . ① G641

中国版本图书馆 CIP 数据核字（2021）第 108590 号

高校思政理论课教学实务研究
GAOXIAO SIZHENG LILUNKE JIAOXUE SHIWU YANJIU

著　者：严昌莉
责任编辑：李　艳
封面设计：知更壹点
出版发行：北京工业大学出版社
　　　　　（北京市朝阳区平乐园 100 号　邮编：100124）
　　　　　010-67391722（传真）　bgdcbs@sina.com
经销单位：全国各地新华书店
承印单位：天津和萱印刷有限公司
开　　本：710 毫米 ×1000 毫米　1/16
印　　张：11.75
字　　数：235 千字
版　　次：2021 年 5 月第 1 版
印　　次：2022 年 3 月第 1 次印刷
标准书号：ISBN 978-7-5639-7965-3
定　　价：60.00 元

前　言

讲好思想政治理论课，用好课堂教学主渠道，关键在教师。在"教"和"学"这对矛盾关系中，"教"居于主要的方面；在教师和学生这对矛盾关系中，教师居于主要的方面，教师在教学过程中居于主导地位。常言道，"亲其师而信其道"，教师的政治信仰、思想素养、学识水平、人格魅力、职业操守等，是引导大学生成长的主导性力量。加强和改进高校思想政治理论课建设，必须充分发挥思想政治理论课教师的主导作用，尤为重要的是，要努力提升思想政治理论课教师队伍的教学能力。

提高思想政治理论课教师队伍的教学能力，是党中央关于思想政治理论建设和思想政治理论课教师队伍建设的重大方略。在 2016 年 12 月召开的全国高校思想政治工作会议上，习近平总书记强调："做好高校思想政治工作，要因事而化、因时而进、因势而新。要遵循思想政治工作规律，遵循教书育人规律，遵循学生成长规律，不断提高工作能力和水平。"思想政治理论课教学是高校思想政治工作的主渠道和主阵地，教师尤其要把握其规律性。只有把握规律性，才能提高课堂教学的亲和力和针对性。

习近平总书记指出，高校思想政治工作要教育引导学生正确认识世界和中国发展大势，正确认识中国特色和国际比较，正确认识时代责任和历史使命，正确认识远大抱负和脚踏实地；思想政治理论课要坚持在改进中加强，提升思想政治教育亲和力和针对性，满足学生成长发展需求和期待。

本书首先对高校思想政治理论课的演变、特点、价值及教学现状进行了论述，以此为基础，探讨高校思想政治理论课的教学设计、教学过程、教学方法，指出在整体的教学实践中要注重课堂管理与教学评价，以及课后的教学反思，最后对高校思想政治理论课教师应具备的教学能力进行了详细的探讨。

作者在撰写本书的过程中查阅了大量书籍资料，在此对相关资料的作者表示衷心的感谢。由于作者水平有限，本书难免存在不足之处，请广大读者批评指正。

目　录

第一章　绪论 …………………………………………………………… 1

第一节　高校思政理论课的课程设置 ………………………………… 1

第二节　高校思政理论课的特点 ……………………………………… 3

第三节　高校思政理论课教学的价值 ………………………………… 6

第二章　高校思政理论课教学现状 …………………………………… 11

第一节　大学生眼中的思政理论课教学 ……………………………… 11

第二节　思政理论课教学存在的主要问题 …………………………… 18

第三节　信息化时代思政理论课面临的挑战与机遇 ………………… 22

第三章　高校思政理论课教学设计 …………………………………… 26

第一节　思政理论课课程标准 ………………………………………… 26

第二节　思政理论课授课计划 ………………………………………… 27

第三节　思政理论课教案撰写 ………………………………………… 28

第四节　思政理论课课件制作 ………………………………………… 35

第四章　高校思政理论课教学过程 …………………………………… 39

第一节　高校思政理论课教学行为与课型 …………………………… 39

第二节　高校思政理论课教学过程的结构及其内部关系 …………… 47

第三节　高校思政理论课教学过程的基本特性 ……………………… 57

第五章　高校思政理论课教学方法 …………………………………… 64

第一节　高校思政理论课教学方法的含义与特性 …………………… 64

第二节　教学方法的理论基础 ………………………………………… 69

第三节　高校思政理论课主要教学方法及其规范 …………………… 89

第四节　高校思政理论课教学方法改革创新 ……………………… 105

第六章　高校思政理论课课堂管理与教学评价 ………………… 112

第一节　高校思政理论课课堂管理及其基本任务 ……………… 112

第二节　高校思政理论课课堂管理的主要策略 ………………… 117

第三节　高校思政理论课教学评价 ……………………………… 122

第七章　高校思政理论课教学反思 ……………………………… 130

第一节　教学反思概述 …………………………………………… 130

第二节　高校思政理论课教学反思的主要问题 ………………… 138

第三节　高校思政理论课教学反思水平的提升 ………………… 141

第八章　高校思政理论课教师教学能力 ………………………… 149

第一节　能力与教学能力概述 …………………………………… 149

第二节　高校教师教学能力的观点和模型 ……………………… 155

第三节　高校思政理论课教师教学能力要素与结构 …………… 158

第四节　高校思政理论课教师教学能力培养与提升 …………… 168

参考文献 …………………………………………………………… 178

后　记 ……………………………………………………………… 181

第一章　绪论

21 世纪以来，高校思想政治理论课（简称思政理论课）的课程设置发生重大调整，从"98 方案"发展到"05 方案"。2016 年习近平总书记在全国高校思想政治工作会议上发表的重要讲话，对高校思想政治理论课提出了"要坚持在改进中加强"的总体要求，高校思想政治理论课在与时俱进的发展过程中不断完善。

第一节　高校思政理论课的课程设置

一、"98 方案"课程设置

1998 年 6 月，中宣部、教育部关于印发《关于普通高等学校"两课"课程设置的规定及其实施工作的意见》的通知，对普通高等学校马克思主义理论课和思想品德课（简称"两课"）的课程设置做出了明确规定。

（一）专科的课程设置

二年制专科马克思主义理论课：

①"马克思主义哲学原理"（36 学时）；

②"邓小平理论概论"（64 学时）。

三年制专科马克思主义理论课：

①"马克思主义哲学原理"（50 学时）；

②"毛泽东思想概论"（40 学时）；

③"邓小平理论概论"（60 学时）。

二年制和三年制专科思想品德课：

①"思想道德修养"（40 学时）；

②"法律基础"（28 学时）。

（二）本科的课程设置

本科马克思主义理论课：

① "马克思主义哲学原理"（54 学时）；

② "马克思主义政治经济学原理"（理工类 40 学时，文科类 36 学时）；

③ "毛泽东思想概论"（理工类 36 学时，文科类 54 学时）；

④ "邓小平理论概论"（70 学时）；

⑤ "当代世界经济与政治"（文科类开设，36 学时）。

本科思想品德课：

① "思想道德修养"（51 学时）；

② "法律基础"（34 学时）。

"职业道德"课，除师范、医学等一些特殊专业要作为专业基础课纳入教学计划外，其他专业可作为选修课或作为"思想道德修养"课的一部分安排教学。

二、"05 方案"课程设置

2005 年 3 月，为深入贯彻《中共中央国务院关于进一步加强和改进大学生思想政治教育的意见》（中发〔2004〕16 号）精神，做好《中共中央宣传部、教育部关于进一步加强和改进高等学校思想政治理论课的意见》（教社政〔2005〕5 号）的实施工作，中共中央宣传部、教育部印发了《〈中共中央宣传部、教育部关于进一步加强和改进高等学校思想政治理论课的意见〉实施方案》，规定三年制专科开设"毛泽东思想、邓小平理论和'三个代表'重要思想概论""思想道德修养与法律基础"两门课程。具体课程内容及学时安排如下：

（一）本科课程设置

4 门必修课：

①马克思主义基本原理（3 学分）；

②毛泽东思想、邓小平理论和"三个代表"重要思想概论（6 学分）；

③中国近现代史纲要（2 学分）；

④思想道德修养与法律基础（3 学分）。

另外，开设"当代世界经济与政治"等选修课。

（二）专科课程设置

2 门必修课：

①毛泽东思想、邓小平理论和"三个代表"重要思想概论（4 学分）；

②思想道德修养与法律基础（3 学分）。

本、专科学生都要开设"形势与政策"课，本科 2 学分，专科 1 学分。有关具体要求按照《中共中央宣传部、教育部关于进一步加强高等学校学生形势与政策教育的通知》（教社政〔2004〕13 号）规定执行。

第二节　高校思政理论课的特点

一、高度的使命感

党的十九大指出，要全面贯彻党的教育方针，落实立德树人根本任务。习近平总书记在全国高校思想政治工作会议上强调，要教育引导学生正确认识世界和中国发展大势，从我们党探索中国特色社会主义历史发展和伟大实践中，认识和把握人类社会发展的历史必然性，认识和把握中国特色社会主义的历史必然性，不断树立为共产主义远大理想和中国特色社会主义共同理想而奋斗的信念和信心；正确认识中国特色和国际比较，全面客观认识当代中国、看待外部世界；正确认识时代责任和历史使命，用中国梦激扬青春梦，为学生点亮理想的灯、照亮前行的路，激励学生自觉把个人的理想追求融入国家和民族的事业中，勇做走在时代前列的奋进者、开拓者；正确认识远大抱负和脚踏实地，珍惜韶华、脚踏实地，把远大抱负落实到实际行动中，让勤奋学习成为青春飞扬的动力，让增长本领成为青春搏击的能量。

2018 年教育部印发的《新时代高校思想政治理论课教学工作基本要求》指出，思想政治理论课承担着对大学生进行系统的马克思主义理论教育的任务，是巩固马克思主义在高校意识形态领域指导地位、坚持社会主义办学方向的重要阵地，是全面贯彻党的教育方针、落实立德树人根本任务的主渠道和核心课程，是加强和改进高校思想政治工作、实现高等教育内涵式发展的灵魂课程。

思想政治理论课相较于其他课程，不仅是每一位大学生的必修课程，而且具有高度的使命感。在当前高校所开设的课程中，没有一门课程的设置像思想政治理论课这样受到党中央高度重视，中央政治局常委会专门研究部署了高校思想政治理论课工作，对课程设置、教材编写、学时安排等做出明确规定。因此，

3

思想政治理论课高度的使命感决定了思想政治理论课在高校课程体系中的特殊性。高校思想政治理论课应正确认识时代责任和历史使命，在落实立德树人根本任务方面发挥独特作用。

二、理论结合实际

习近平总书记提出："我们一定要以我国改革开放和现代化建设的实际问题，以我们正在做的事情为中心，着眼于马克思主义理论的运用，着眼于对实际问题的理论思考，着眼于新的实践和新的发展。"马克思主义中国化就是把马克思主义基本原理同中国具体实际和时代特征结合起来，运用马克思主义的立场、观点、方法研究和解决中国革命、建设、改革中的实际问题。思想政治理论课从课程性质上看是一门理论课，但理论来源于实践。因此，随着世界局势、国家发展、党的建设等方面的不断变化，理论联系实际是思想政治理论课教学的基本方法。思想政治理论课需紧密结合实际帮助大学生正确认识马克思主义理论，帮助大学生深刻理解中国特色社会主义理论，帮助大学生科学面对当今各种社会思潮，如果思想政治理论课脱离实际，只是从理论到理论，照本宣科，教条主义和形式主义盛行，将无法有效激发大学生的学习兴趣。

与此同时，思想政治理论课需理论结合实际解决大学生的实际问题。思想政治理论课教学和其他专业课教学的一个显著不同，就是要引导大学生合理运用马克思主义基本原理和方法来分析和解决实际问题。例如，只有结合半殖民地半封建社会的近代史，讲清中国各阶级、各政党为挽救民族危机进行的各种道路的探索，大学生才能真正理解中国人民站起来是多么不易，才能真正理解为什么没有共产党就没有新中国，才能理解历史和人民为什么选择中国共产党；只有结合改革开放以来的伟大成就，特别是人民生活水平的显著提升，大学生才能切实体会为什么要改革开放，体会到社会主义制度的优越性，才能坚定中国特色社会主义道路自信；只有结合人民思想观念的发展变化，乃至存在的各种思想问题，大学生才能明白培育和践行社会主义核心价值观的紧迫性，才能明白中国特色社会主义文化建设的重要性。思想政治理论课只有贴近学生生活实际、思想实际，注重发现问题、探讨问题、解决问题，才能成为学生真心喜爱的、终身受益的课程。

三、与时俱进

从教学内容来看，思想政治理论课必须与时俱进。习近平同志指出，"马克思主义具有与时俱进的理论品质。新形势下，坚持马克思主义，最重要的是坚持马克思主义基本原理和贯穿其中的立场、观点、方法。这是马克思主义的精髓和活的灵魂。马克思主义是随着时代、实践、科学发展而不断发展的开放的理论体系，它并没有结束真理，而是开辟了通向真理的道路。"马克思主义与中国实践相结合，产生了毛泽东思想，回答了中国为什么要革命、为谁革命、靠谁来革命、怎样进行革命等重大问题；产生了邓小平理论，回答了什么是社会主义、怎样建设社会主义的问题；产生了"三个代表"重要思想，回答了建设什么样的党、怎样建设党的问题；产生了科学发展观，回答了实现什么样的发展、怎样发展的问题；产生了习近平新时代中国特色社会主义思想，回答了新时代坚持和发展什么样的中国特色社会主义、怎样坚持和发展中国特色社会主义的问题。高校思想政治理论课应当与时俱进地挖掘理论深度，引导学生传承马克思主义，让马克思主义不断向前发展。例如，《毛泽东思想和中国特色社会主义理论体系概论》的教材在高校思想政治理论课编写领导小组领导下组织编写，自2007年出版后，先后于2008年1月、2008年8月、2009年5月、2010年5月、2014年1月、2015年8月、2018年3月进行了七次修订，与时俱进地反映了马克思主义中国化最新成果。

从教学对象来看，思想政治理论课必须与时俱进。相较于父辈，在经济条件方面，当代大学生的经济条件普遍得到显著改善，尽管存在部分贫困学生，但国家通过助学贷款、奖学金、助学金政策以及减免学费等多种方式予以资助，他们普遍衣食无忧，生活安逸，吃苦较少，对未来充满期待与信心，但存在急功近利等现象，心理素质较差，抗挫折能力较弱。在思想方面，当代大学生受到多元文化的影响，思想活跃，易于接受网络中各种各样的新观念，同时他们也受历史虚无主义、功利主义等错误思潮的影响，思想容易出现问题，还未形成远大而崇高的理想信念。在学习方面，当代大学生出于今后就业的需要，对专业课程比较重视，同时由于理论基础薄弱，学习自律性较差，旷课、迟到、上课睡觉、玩手机等现象有日益严重的趋势，甚至极少数学生网瘾严重而长期宅在寝室之中。高校思想政治理论课要真正实现入耳、入脑、入心、入行，就应针对大学生实际因材施教。因此，高校思想政治理论课必须与时俱进地分析学情，把握当代大学生的特点、成长规律，采取让大学生喜闻乐见的教学措施对其进行教育教学。

从教学手段来看，思想政治理论课必须与时俱进。随着信息化技术的快速发展，各种信息化教学手段、理念层出不穷，以教育信息化带动思想政治理论课教学现代化，使信息技术与思想政治理论课教学有效融合，是目前思想政治理论课教学改革的必然选择。一方面，在网络教学平台、大数据等信息化技术的支持下，思想政治理论课从"粉笔＋黑板"的传统课堂发展到多媒体课堂，现如今正在朝移动课堂发展，课堂教学模式的发展必然会引发学习模式的深刻变革。例如，清华大学开展思想政治理论课慕课教学，采用线上线下教学相结合的形式，在线开放课程，大班教学、小班讨论，激发学生对社会、人生进行更加深入的思考。北京理工大学将 VR 技术应用于思想政治理论课教学，运用虚拟现实技术为学生提供直观、形象的教学情境，让学生在虚拟环境中体验相关教学内容，从而产生一种身临其境的学习体验。另一方面，无线网和智能手机迅速普及，我国已经进入移动互联网时代，信息传播的速度和广度达到空前的水平，思想政治理论课教学可以将最新的资讯引入其中，增强思想政治理论课的时效性。

第三节　高校思政理论课教学的价值

高校思想政治理论课是大学生的必修课，是大学生思想政治教育的主渠道、主阵地，直接关系到"培养什么样的人""如何培养人"以及"为谁培养人"的根本性问题。高校思想政治理论课对学生的价值主要体现在以下三方面。

一、告别迷茫，树立理想信念

对于高中和大学的学习和生活，有这样一种对比：高中里每天课很多，但仍有时间做自己喜欢的事，大学里每天课不多，但总没时间做自己喜欢的事；高中里一下课教室很热闹，大学里一下课教室很沉闷；高中里朋友之间嘴上很不客气，其实关系很好，大学里朋友之间嘴上特别客气，其实关系未必多好；高中里，累并快乐着，大学里，忙却迷茫着……为什么部分大学生常感叹大学生活无聊？为什么部分大学生沉迷网络游戏？为什么部分大学生遇到困难习惯于放弃？为什么个别大学生进校后不久就申请退学？究其原因，是大学生对自己的未来发展没有合理规划，缺乏远大的理想和坚定的信念。

《现代汉语词典》对理想的定义："对未来事物的想象或希望（多指有根据的、合理的，跟空想、幻想不同）。"对信念的定义："自己认为可以确信的看法。"部分大学生对未来的工作、生活等有自己的希望，例如，找一份体面的工作、买车、买房等，将理想局限于个人理想，忽视了社会理想。更为严重的是，这些个人理想常常脱离自身实际，并急于求成。如在 2015

年，一媒体对大学毕业生进行期望月薪调查，超过四成大学生的期望薪资为8000～10000元，一网友留言道："活在不切合实际的现实中，显得格外幼稚与可笑。"可见，大学生容易将这些希望演变为空想、幻想。当这些脱离实际的空想、幻想在现实社会中无法实现时，大学生只能无奈地放弃，部分大学生还唯心地将原因归结于命运不济、社会不公，陷入自暴自弃之中。"理想因其远大而为理想，信念因其执着而为信念。"大学生没有远大理想，自然就难有信念。

大学生应建立怎样的理想和信念？习近平同志在庆祝中国共产党成立95周年大会上的讲话强调指出："坚持不忘初心、继续前进，就要牢记我们党从成立起就把为共产主义、社会主义而奋斗确定为自己的纲领，坚定共产主义远大理想和中国特色社会主义共同理想，不断把为崇高理想奋斗的伟大实践推向前进。"理想和信念的形成不是一蹴而就的，需要对大学生进行系统的教育。思想政治理论课的性质、内容决定了它对大学生的理想信念的教育有不可替代的作用和义不容辞的责任。只有思想政治理论课能引导大学生用马克思主义认识到共产主义是人类社会发展客观规律的必然趋势和最终指向，只有思想政治理论课能结合我国国情帮助大学生分析中国特色社会主义是实现社会主义现代化和中华民族伟大复兴中国梦的必由之路，只有思想政治理论课能启发大学生将个人理想与社会理想有机结合，只有思想政治理论课能激发大学生树立为共产主义远大理想和中国特色社会主义共同理想而奋斗的信念。

二、认识世界，适应社会发展

习近平同志在瑞士达沃斯世界经济论坛2017年年会开幕式主旨演讲中指出："这是最好的时代，也是最坏的时代——英国文学家狄更斯这样描述工业革命发生后的时代。今天，我们也生活在一个矛盾的世界之中。一方面，物质财富不断地积累，科技进步日新月异，人类文明发展到历史最高水平；另一方面，地区冲突频繁发生，恐怖主义、难民潮等全球性挑战此起彼伏，贫困、失业、收入差距拉大……世界面临的不确定性上升。对此，许多人感到困惑——这个世界到底怎么了？"

当前，部分大学生习惯于以自我为中心，当他们面对错综复杂的世界的时候，更是容易产生困惑。在这种困惑下，大学生可能出现两种消极倾向：一是避世。世界太复杂，与人交往太麻烦，于是选择逃避现实世界，活在一个人的世界之中。近些年大学生中的宅男宅女现象就是避世态度的典型体现，一位学生曾这样形容自己的假期生活："我什么也没做，基本上每天要么躺在床上要么在沙发上'葛优躺'，基本没出过门。八九点起床，微信朋友圈刷到底，回复留言，再刷微博看看搞笑段子，磨叽到11点左右，开始叫外卖，12点半左右吃午饭，然后接着躺在床上看视频，一下午又打发过去了。晚上呢，再跟同学朋友们语音或视频聊天，吐吐槽，听听音乐，又要睡觉了，好无聊！"从早到晚，能不出门就尽量不出门，一个人自娱自乐，长此以往，大学生会变得越来越冷漠，越来越孤僻。二是愤世。个别大学生过于看重自身利益与诉求，如住宿环境、网络配置、奖学金评比、学生干部竞选、就业、收入等，一旦未被满足，就会对社会产生失望情绪，进而偏激地看待社会，充满攻击性。特别是随着互联网的发展，由于网络具有虚拟性，可以匿名发出各种各样的言论，这让一些大学生认为无须对自己的言论负责，想说什么就说什么，因而将现实的愤世情绪发泄到网络上。他们在微博、贴吧等网络平台上用语言侮辱、诬陷、攻击他人，挑起争端，甚至通过人肉搜索，严重侵害他人的隐私权，进而形成网络暴力。

如何认识客观世界？在高校众多课程中，只有思想政治理论课能用唯物辩证法引导大学生从宏观到微观，从理论到现实，把握我们所面临世界的本质和发展规律。例如，唯物辩证法告诉我们矛盾是普遍的，毛泽东同志更是强调"矛盾存在于一切事物的发展过程中，矛盾存在于一切事物发展过程的始终"，只有在此基础上，大学生才能理性面对国家与国家之间的利益争端，才能理性面对我国社会存在的大学生就业难、高房价、留守儿童等一系列社会问题。又如，唯物辩证法告诉我们在观察和处理任何事物的诸多矛盾时，必须善于抓住主要矛盾，集中力量解决主要矛盾，只有在此基础上，大学生才能深刻理解在中国特色社会主义进入新时代后，我国社会的主要矛盾已经转化为人民日益增长的美好生活需要和不平衡不充分的发展之间的矛盾，理解为解决主要矛盾所采取的各项改革措施，并接受解决主要矛盾是一个具有复杂性、长期性的过程。"物竞天择，适者生存"，大学生只有理性分析、认识客观世界，才能抓住世界发展的潮流，主动适应社会发展。

三、坚守底线，学会做人做事

孟子的"无恻隐之心，非人也……无是非之心，非人也"，告诉我们做人做事要有不可踩，更不可越的底线。大学生作为接受高等教育的群体，从总体上看是积极向上的，但部分大学生的底线意识下滑，违法乱纪行为时有发生是不争的事实。

2016年12月中国青年报发表了《"裸条借贷"衍生出色情产业链》的报道，在微博、QQ、微信等网络平台上，存在许多以在校女大学生为放贷对象的"裸条借贷"信息。部分女大学生想购买自己喜欢的手机、化妆品、服装等，却苦于囊中羞涩，于是她们用自己的裸照和视频做抵押进行网贷，利息远超法律规定的利率，实为高利贷。对于未能按时还贷的女大学生，放贷人会用公开裸照进行要挟，甚至胁迫其发生性关系"肉偿"。窥一斑而知全豹，一些大学生的行为突破了做人做事的底线，这是一个十分危险的信号，如果不能采取有效的教育措施，直接后果就是"丧失羞耻感，强化人际间的心理戒备，失信于社会，蔑视教育者，亵渎文明，紧随而来的是沦丧道德，触犯法律，走向堕落直至自我毁灭"。① 这将严重影响大学生的健康成长，甚至会危及整个社会的稳定与发展。高校思想政治理论课可通过教学从道德、法律两个方面帮助学生明确做人做事最基本的底线。

就大学生道德教育而言，必须在学生和教师、时间和空间、意义和情景、过去和未来之间建立扎根生活的、生动的联系，找到生活的本义，回归生活才能使道德教育拥有真正的生命与活力之源。② 高校思想政治理论课教学将从注重道德传承、遵守道德规范两个层面让学生明白道德的内涵。中华民族优良道德传统强调"仁者爱人""己所不欲，勿施于人""先天下之忧而忧，后天下之乐而乐""人而无信，不知其可也"，社会主义道德强调以为人民服务为核心、以集体主义为原则。在教学时可用典型案例避免空洞的说教，以情动人，例如，组织学生观看中央电视台制作的《感动中国》，感受震撼心灵的道德力量。高校思想政治理论课教学不仅可以系统地向学生传授道德知识，而且侧重于联系现实生活，引导大学生从尊敬师长、按时上课等具体行为中逐步将社会公德、职业道德、家庭美德、个人品德外化于行，内化于心，从而有效避免当今社会主义市场经济环境下纷繁复杂的利益困扰，不迷失本心，坚守道德底线。

就大学生法律教育而言，主要体现在三个方面：一是学习宪法法律，把握法治体系。截至2019年11月15日，我国现行有效法律275件，制定了行政法规600多件，地方性法规12000余件，中国特色社会主义法律体系已经形成，我国在政治、经济、文化、社会生活各个方面都实现了有法可依。二是树立法治观念，尊重法律权威。习近平同志指出："我国是个人情社会，人们的社会联系广泛，上下级、亲戚朋友、老战友、老同事、老同学关系比较融洽，逢事喜欢讲个熟门熟道，但如果人情介入了法律和权力领域，就会带来问题，甚至

---

① 叶松庆. 守望当代大学生的道德底线 [J]. 青年研究，2003（6）：32-41.
② 曹辉. 道德教育的生活本义及其回归路向 [J]. 湖南师范大学教育科学学报，2015，14（3）：54-57.

带来严重问题。""要深入开展法治宣传教育，弘扬社会主义法治精神，引导群众遇事找法、解决问题靠法，逐步改变社会上那种遇事不是找法而是找人的现象。当然，这需要一个过程，关键是要以实际行动让老百姓相信法不容情、法不阿贵。"要使依靠法律解决问题成为大学生的自觉行动。三是行使法律权利，履行法律义务。如何解决打工时遇到的纠纷？如何签署《劳动合同》？高校思想政治理论课可针对学生遇到的现实问题让学生学会如何运用法律捍卫自身的权利，达到让学生守法和用法的目的。

第二章　高校思政理论课教学现状

高校思想政治理论课是高校思想政治工作的主阵地。高校思想政治理论课教学的效果，直接影响到大学生正确思想认识的形成、科学文化知识的掌握以及开拓创新思维的培养。党和国家一直对高校思想政治理论课高度重视。

第一节　大学生眼中的思政理论课教学

习近平同志在全国高校思想政治工作会议上强调："要用好课堂教学这个主渠道，思想政治理论课要坚持在改进中加强，提升思想政治教育亲和力和针对性，满足学生成长发展需求和期待，其他各门课都要守好一段渠、种好责任田，使各类课程与思想政治理论课同向同行，形成协同效应。"为深入贯彻落实全国高校思想政治工作会议精神，教育部将 2017 年定为"高校思想政治理论课教学质量年"，以提高高校思想政治理论课质量和水平。

为深入了解大学生对思想政治理论课的看法，笔者从高校思想政治理论课的教学效果、课堂教学情况、师生关系、学习资料以及大学生对教学信息化的态度等方面设计了调查问卷，通过网络调查的方式，对不同专业的 200 名大学生进行了抽样调查，回收有效调查问卷 196 份。

一、高校思想政治理论课的教学效果

第一，是否喜欢上思想政治理论课？

项目	喜欢	一般	无所谓	反感
百分比 /%	46.4	48.5	3.1	2.0

喜欢上思想政治理论课的大学生占 46.4%，一般占 48.5%，说明绝大多数大学生能接受思想政治理论课教学，但喜欢的比例还有待提升。无所谓占 3.1%，反感占 2.0%，说明尽管对思想政治理论课教学持无所谓、反感态度的大学生

比例很低，但高校思想政治理论课教学需要进一步激发学生的学习兴趣，争取消除学生反感现象。

第二，思想政治理论课是否对你的发展有利？

项目	有利	一般	不清楚	没有用
百分比 /%	71.9	20.5	6.6	1.0

认为思想政治理论课有利于自身发展的大学生占 71.9%，说明大多数大学生能正确认识思想政治理论课教学的作用。一般占 20.5%，不清楚占 6.6%，没有用占 1.0%，说明高校思想政治理论课教学需要针对学生实际，帮助学生成长成才。

第三，思想政治理论课是否帮助你消除了思想困惑？

项目	很多	一些	不清楚	没有
百分比 /%	15.3	68.4	7.7	8.6

认为思想政治理论课帮助消除了很多思想困惑的大学生占 15.3%，比例较低，认为没有帮助消除思想困惑的占 8.6%，比例相对较高，说明思想政治理论课的知识体系对于理论基础薄弱、学习习惯不佳的大学生而言，学习难度较大，同时也说明思想政治理论课教学的针对性不强，忽视了大学生的思想困惑。

第四，目前思想政治理论课的教学方法能否激发你的学习兴趣？

项目	能	不能	不清楚
百分比 /%	62.3	22.4	15.3

认为目前思想政治理论课的教学方法能激发自身学习兴趣的大学生占 62.3%，说明当前高校思想政治理论课教学普遍采用的讲授法、案例法等教学方法效果差强人意。认为不能激发自身学习兴趣的占 22.4%，说明结合时代发展和学生的新特点，与时俱进地研发新的教学方法，是高校思想政治理论课教师的一个中心工作。不清楚的占 15.3%，说明部分大学生未能感知不同教学方法的效果，参与课堂教学程度较低。

第五，除提高教师素质外，你认为提高思想政治理论课教学实效亟待解决的是什么？

项目	理论联系实际，解答当前热点、难点问题	改革考试、评定成绩的方式	采用先进的教学手段	加强社会实践环节
百分比 /%	46.9	16.3	11.3	25.5

认为提高思想政治理论课教学实效亟待解决的是理论联系实际，解答当前热点、难点问题的大学生所占比例最高，为46.9%，其次是加强社会实践环节，占25.5%，说明大学生要求改变目前高校思想政治理论课普遍局限于理论教学的现状，加强理论联系实际，加强实践教学，这对思想政治理论课教学提出了更高的要求。

二、高校思想政治理论课课堂教学情况

第一，思想政治理论课课堂的氛围怎么样？

项目	活跃	沉闷	没有关注
百分比 /%	81.6	14.8	3.6

认为思想政治理论课课堂氛围活跃的大学生占81.6%，说明绝大多数大学生学习思想政治理论课的心态比较放松，学习压力小，愿意参加课堂讨论、辩论等活动，这是进一步激发大学生学习兴趣的良好基础。

第二，大班教学对思想政治理论课的教学效果有影响吗？

项目	有	不清楚	没有
百分比 /%	59.7	28.1	12.2

认为大班教学对思想政治理论课的教学效果有影响的大学生占59.7%，说明目前高校少则近百人多则数百人的大班教学，存在不利于师生之间的交流沟通、不利于教学秩序的维护等突出问题，极大地影响了高校思想政治理论课的教学效果，应通过扩充师资队伍、改善教学场地等有效措施，将大班教学调整为小班教学。

第三，思想政治理论课课堂纪律如何？

项目	良好	一般	没有关注
百分比 /%	72.4	27.0	0.6

认为思想政治理论课课堂纪律良好的大学生占72.4%，说明高校思想政治理论课课堂教学纪律整体较好，思想政治理论课教师能践行教书育人、管理育

人，对大学生上课睡觉、玩手机等违纪情况进行了有效管理，净化了学习环境，有利于营造良好的学风。

第四，思想政治理论课教师与学生互动的情况如何？

项目	能与大多数学生进行互动	只与一部分同学进行互动	只与个别学生进行互动	基本没有互动
百分比 /%	73.5	19.9	6.6	0

认为思想政治理论课教师能与大多数学生进行互动的大学生占 73.5%，说明大多数高校思想政治理论课教师注重在课堂教学过程中与学生进行互动，体现了以学生为主体，引导学生积极参与教学活动的教学理念。认为只与一部分同学进行互动的占 19.9%，认为只与个别同学进行互动的占 6.6%，说明高校思想政治理论课教师在互动方式方面需要改革，需要借助信息化教学载体让更多的大学生体验到与教师进行互动教学的快乐。

第五，下列教学模式，你会选择哪一种？

项目	黑板＋粉笔	多媒体＋PPT	手机＋网络教学空间
百分比 /%	7.6	64.8	27.6

选择"多媒体＋PPT"教学模式的大学生占 64.8%，选择"黑板＋粉笔"教学模式的大学生占 7.6%，说明在近 20 年的时间内，"多媒体＋PPT"教学模式已取代"黑板＋粉笔"教学模式，成为学生接受的主流教学模式。选择"手机＋网络教学空间"教学模式的占 27.6%，说明随着信息技术的发展，"手机＋网络教学空间"教学模式逐渐得到学生认可，在不久的将来可能成为高校思想政治理论课教学的主流教学模式之一。

第六，下列讨论模式，你会选择哪一种？

项目	课堂面对面讨论	在网络中进行讨论
百分比 /%	56.1	43.9

选择"课堂面对面讨论"的大学生占 56.1%，选择"在网络中进行讨论"的大学生占 43.9%，基本上各占一半。这说明"课堂面对面讨论"模式有利于理解沟通，具有现场感强的特点，但也存在受时间限制，参与人数较少等弊端；"在网络中进行讨论"模式则具有在同一时间让所有学生都能发表自己的观点等优势。高校思想政治理论课可将两种教学模式相结合，扬长避短，组织学生进行深入研讨。

第七，当前的思想政治理论课考核方式合理吗?

项目	合理	不合理	无所谓
百分比 /%	77.0	7.7	15.3

认为当前的思想政治理论课考核方式合理的大学生占77.0%，认为不合理的大学生仅占7.7%，说明从小学到中学，受长期的应试教育的影响，大学生对沿袭传统应试教育的高校思想政治理论课考核模式已被动适应，高校思想政治理论课应从侧重知识考核转变为知识、能力、素质考核并重，通过考核引导学生在学习理论知识的基础上，提升爱国主义等素质，增强理论结合实际等能力。

三、高校思想政治理论课师生关系

第一，是否记得大学期间所有教过你的思想政治理论课老师的姓名?

项目	记得	记得部分	全部不记得
百分比 /%	61.1	37.4	1.5

记得大学期间所有教过自己的思想政治理论课老师姓名的大学生占61.1%，记得部分的大学生占37.4%，说明高校思想政治理论课教师在展现个人魅力、加强与学生联系等方面需要改进。全部不记得的占1.5%，说明极少数大学生对思想政治理论课教师漠不关心，如何加强与这一部分学生的联系，是思想政治理论课教师今后亟待解决的一个重要问题。

第二，是否希望与思想政治理论课老师沟通交流?

项目	希望	无所谓	不希望
百分比 /%	50.5	37.8	11.7

希望与思想政治理论课老师沟通交流的大学生占50.5%，无所谓的大学生占37.8%，不希望的大学生占11.7%，希望与思想政治理论课老师沟通交流的大学生所占比例不高，无所谓、不希望的比例过高。一方面，说明高校思想政治理论课教师与学生之间的沟通存在问题，高校思想政治理论课教师在"亲其师，信其教"方面需努力，特别是要通过加强与学生的思想交流等方式与学生建立良好的师生关系，只有师生关系良好才能让学生用良好的情绪去开展思想政治理论课学习；另一方面，说明部分大学生受到信息化的负面影响，内心越来越宅，存在一定程度的沟通障碍。

第三，希望通过哪种方式与思想政治理论课老师进行互动?

项目	面对面	QQ、网络空间等	无所谓
百分比 /%	42.3	39.3	18.4

希望通过面对面方式与思想政治理论课老师进行互动的大学生占 42.3%，希望通过 QQ、网络空间等方式与思想政治理论课老师进行互动的大学生占 39.3%，说明身为网络原住民的当代大学生已习惯通过 QQ、网络空间等信息化载体进行互动，将 QQ、网络空间等信息化载体引入高校思想政治理论课教学中，可以提高高校学生与教师进行互动的积极性。

四、高校思想政治理论课学习资料

第一，会主动阅读思想政治理论课教材吗?

项目	经常	偶尔	从不
百分比 /%	15.8	60.7	23.5

经常主动阅读思想政治理论课教材的大学生占 15.8%，从不主动阅读思想政治理论课教材的占 23.5%，从不主动阅读的大学生比例明显高于经常主动阅读的大学生比例，大多数大学生只是偶尔主动阅读。一方面，说明大学生的学习目标不够明确，主动学习的积极性不高；另一方面，说明现在的高校思想政治理论课教材对于理论基础薄弱的大学生而言，存在水土不服现象，需要针对大学生实际，改变本、专科学生共用一本教材的现状，出版适应各类大学生的高校思想政治理论课教材。

第二，思想政治理论课学习资料，你最喜欢的形式是哪种?

项目	文字	图文并茂	视频
百分比 /%	9.7	44.4	45.9

对于思想政治理论课学习资料，大学生最喜欢的形式是视频，占 45.9%，其次是图文并茂形式，占 44.4%，传统的文字形式仅占 9.7%，说明高校思想政治理论课教师可通过制作微课视频资料、图文并茂的案例资料等，激发大学生的学习兴趣。

五、大学生对思想政治理论课教学信息化的态度

第一，面对浩瀚的网络资源，你是否会有选择困难?

项目	有	没有
百分比 /%	66.8	33.2

面对浩瀚的网络资源，有选择困难的大学生占66.8%，没有选择困难的大学生占33.2%，说明资源丰富且查找便利的网络资料有利于学生进行思想政治理论课自主拓展学习，但面对浩瀚的网络资源，大多数大学生存在选择困难，高校思想政治理论课教师应指导学生合理运用网络资源。

第二，如果将手机作为参与教学的载体，你喜欢吗？

项目	喜欢	一般	无所谓	反感
百分比 /%	41.8	42.4	8.7	7.1

如果将手机作为参与教学的载体，选择喜欢的大学生占41.8%，选择一般的大学生占42.4%，说明学生对将手机作为参与教学的载体的接受程度较高，高校思想政治理论课教师应引导学生充分利用手机这一学习工具，理性使用手机，杜绝课堂低头族。

第三，如果思想政治理论课老师建立了网络教学空间，你愿意去浏览吗？

项目	愿意	一般	无所谓	反感
百分比 /%	45.1	45.1	6.2	3.6

选择愿意浏览思想政治理论课老师建立的网络教学空间的大学生占45.1%，选择一般的大学生占45.1%，说明绝大多数大学生能够接受思想政治理论课老师的网络教学空间。网络教学空间可作为课前导学、课堂教学、课后辅导的载体，这是思想政治理论课教师开展信息化教学探索的坚实基础。

第四，是否能接受先通过网络资源进行自学，然后再结合相关问题开展研讨的学习模式？

项目	能接受	不能接受	无所谓
百分比 /%	64.8	12.2	23.0

选择能接受先通过网络资源进行自学，然后再结合相关问题开展研讨的学习模式的大学生占64.8%，不能接受的大学生占12.2%，无所谓的大学生占23.0%，说明多数大学生愿意接受基于网络资源的先学后教模式，高校思想政治理论课教师应改变传统的灌输式、讲授式等教学方法，开展以学生为主体的研讨式教学方法改革。

第二节　思政理论课教学存在的主要问题

世界银行发布的《2018年世界发展报告》指出全球教育正面临"教学危机"，表现为青少年虽然在上学，但没有学到知识，浪费了时间和自我发展的机会。高校思想政治理论课在一定程度上也存在教学危机，如果不能采取有效措施解决教师教学缺乏创新、学生学习缺乏积极性、教材缺乏吸引力、教学实施缺乏针对性等问题，这种教学危机将越来越严重。

一、教师教学缺乏创新

（一）教师的教学创新动力不足

高校思想政治理论课教师的教学创新动力不足，存在一个教案可以长期不更新、单向的讲授式教学方法可以多年不改变、拒绝将各种信息化载体运用到课堂上等现象。造成教师教学创新动力不足的原因是多方面的，主要原因有：一是工作量大。一般高校都有相对完善的专业课师资队伍配备，但高校思想政治理论课师资队伍普遍比较紧张，而且教师教学工作量偏大，有的教师每年的教学有700多节课时，有的教师一天要上8节课，有的教师自嘲为教书匠，教学从脑力劳动变成了体力劳动，只能疲于应付。二是职称导向的偏向。目前，高校职称评审指标是以荣誉称号、竞赛、论文、课题、专著等的数量和等级为核心的评审体系。因为教师的教学水平难以量化，所以教学水平在高校职称评审指标中基本没有体现，高校职称评审体系简而言之是"重科研、轻教学"。与此同时，高校教师的工资普遍与职称挂钩，收入差距明显。这种职称评审体系让高校思想政治理论课教师为了评职称将大量的时间、精力投入科研工作中，忽视教学工作，甚至出现一些思想政治理论课教师为在职称评审时加分而申报了不少专利成果的现象。三是部分教师进取心不足。随着我国经济的快速发展以及国家对职业教育财政投入的大幅增加，近十年来高校思想政治理论课教师的收入不断提高，但部分教师追求享受物质生活，出现了精神懈怠。

（二）教师的教学创新能力不强

在教学环境、教学对象、教学手段等日新月异的背景下，高校思想政治理论课教师的教学创新能力不强已经成为一个普遍的问题。一方面，受相对封闭的校园环境影响，高校思想政治理论课教师往返于家庭和校园，两点一线，容易脱离社会发展，变得因循守旧，墨守成规，视野受限，创新意识薄弱；另一方面，受所学专业影响，高校思想政治理论课教师对新兴的信息化技术的发展关注度低，同时又缺乏信息化技术培训，因此对于网络教学空间、微课制作、基于大数据的数据分析等知之甚少，难以将最新的信息化技术运用到高校思想政治理论课的教学中，难以在教学方法、教学互动、教学考核等方面实现创新，只能停留在目前通用的"PPT+讲解"教学模式。

二、学生学习缺乏积极性

（一）理论基础薄弱

以高职院校为例，除国家示范性高等职业院校、国家骨干高等职业院校录取分数线较高外，大多数高职院校录取分数低则200分左右，高则300分左右，这意味着相当一部分大学生不仅学习基础普遍薄弱，而且学习情绪比较悲观，认为自己是高考的失败者。进入大学后，高职学生自觉阅读马克思主义经典理论著作、中国特色社会主义理论著作等书籍的比例极低，无法通过主动阅读理论著作巩固自身理论基础。此外，大学生每天上网的时间较长，主要是玩网络游戏、看娱乐视频、交友聊天等，很少阅读网络时政新闻、论文等电子理论学习资料。可见，尽管进入大学后学生可以自主学习的时间增多，理论学习的条件得以改善，但是长期的应试教育让他们形成了思想政治理论课学习就是死记硬背的印象，对思想政治理论课学习从心理上产生了不自觉的排斥感，造成以前中学阶段机械记忆暂时掌握的理论知识不仅没有得到巩固加强，反而被遗忘殆尽。大学生理论基础薄弱，如果思想政治理论课教师在教学中仍单纯强调理论知识体系的讲授，学生在思想政治理论课学习过程中会产生强烈的枯燥感，造成教学效果不佳。

（二）学习目标功利化

随着我国经济快速发展、社会快速转型、社会思潮快速多元化，功利主义对高校的冲击愈发强烈，部分大学生容易浮躁和急功近利，他们常常忽视事物发展的客观规律，追求快速成功之道，从进入大学前选择专业开始，普遍的标准是"好就业，工资水平高"，不考虑自己的学习基础，也不考虑自己的兴趣爱好。开始大学学习后，大学生对本专业的专业课程高度重视，认为这是今后事业发展的基础，希望能在短时间内掌握一定的专业技能，所以他们学习认真，能自觉完成专业课教师布置的各项学习任务，课后能自主进行拓展学习，并热衷参加各种技能考证。与此形成鲜明反差的是，大学生对思想政治理论课等公共基础课普遍不重视，部分学生不能正确认识思想政治理论课对自身发展的积极作用，反而存在一些错误看法："我今后不从政，思想政治理论课讲授的理论与我无关""老实人吃亏，思想政治理论课讲的诚信等价值观与社会发展脱节，已经过时了""学好思想政治理论课不能帮我找到一份好工作"等。大学生学习目标功利化，致使大学生认为思想政治理论课不需要认真学习，考试及格就好，也因此思想政治理论课成为学生上课玩手机、睡觉、旷课等违纪现象的重灾区。

三、教材缺乏吸引力

（一）内容理论性过强

目前，除了"形势与政策"课程没有统编教材外，全国高校都在统一使用高等教育出版社出版的马克思主义理论研究和建设工程重点教材，如《毛泽东思想和中国特色社会主义理论体系概论》《思想道德修养与法律基础》。这些教材集中了大量权威专家参与编写，从 2007 年出版以来，多次修订，具有科学性、规范性、政治性、系统性、时代性。但对大学生而言，这些教材存在内容理论性过强这一突出问题。教材对相关理论的论述过于学术化，过于强调理论的全面论述和深入剖析，大学生阅读起来生涩难懂，只看了几行之后，就会因看不懂而无法继续阅读下去。进行了一个学期的思想政治理论课学习之后，大学生的相关教材上没有一处学习笔记，教材如同新书的现象并非个例。高校思想政治理论课教师在进行教学时，面临的一个严峻挑战就是如何将逻辑严密的教材体系转化为学生喜闻乐见的教学体系。

（二）展现形式单一

高校思想政治理论课教材的展现形式单一，主要表现为：一是长篇累牍。目前，大学生都是互联网的原住民，他们伴随互联网成长，喜欢阅读的是如微博 140 字左右通俗易懂的短文。高校思想政治理论课教材数十万字，打开教材进入视线的是一个接一个章节的大幅论述，观点表达不够简洁明了。这种大段的论述会让大学生在正式进行思想政治理论课学习之前，因教材冗长而对今后的学习产生畏惧心理。教材应该适当减少篇幅，突出重点。二是纯理论性文字论述。教材没有一个表格，没有一张图片，既不形象又不生动。教材没有一个案例材料，脱离中国发展具体实际和学生身边实际，抽象而空洞的理论论述对大学生产生的教育效果甚微。教材应该以小见大，将精深广博的理论融入形式多样的文字、视频等案例之中，只有讲事实、摆道理，才能做到以理服人。

四、教学实施缺乏针对性

（一）教学计划制订过程中供求错位

高校思想政治理论课教学吸引力不强，尚未摆脱空洞说教、枯燥乏味的课程形象，严重影响到课堂教学质量，一个重要原因在于教学计划的制订过程中发生了供求错位。原本应以学生的需求为主，却错位为教师主宰，教师错把学生看成简单的被动的知识接受者和品德的塑造对象。一堂课的教学计划主要包括教学目标的制定、教学内容的设计、教学方法和教学手段的选择等。通常情况下，高校思想政治理论课教师依据教学大纲制定教学目标，根据教材确定教学内容，然后在分析教学目标和教学内容的基础上选择教学方法和教学手段，在这一过程中，教师往往忽视了学生的实际需要。教师在分析学情时更多的是凭主观经验去估计学生已有的知识水平、能力水平、素质状况，猜测学生的需求，结果必然出现学生感兴趣的、薄弱的知识点教师一带而过，而学生已掌握的知识教师却在精讲细讲的情况，从而造成供求错位。

（二）课堂教学过程中沟通不畅

思想政治理论课教学不是一个被动的"填鸭"过程，而是一个互动过程。其活动的主体是教师和学生，只有教师和学生两个活动主体在课堂中实现了有效沟通，思想政治理论课的实效性才能得到保障。现在高校思想政治理论课基本上采取中班教学，甚至存在大班教学情况，人数较多，容易造成沟通不畅，主要表现在三个方面：一是在认知沟通中，只有单方面的教师向学生传授知识，学生处于被动接受地位，教师不能及时掌握学生的学习状态，只能按照教学计划按部就班地进行授课，从而演化成"我说你听、我打你通"的灌输式教学。二是在情感沟通中，教师不了解学生的内心世界，习惯于师道尊严，以居高临下的姿态教育学生，造成师生双方情感交流的阻塞，情不通，理不达，情感悖。学生情感上产生心理障碍，师生在思想上也就不可能产生共鸣，学生不亲其师，自然就不能信其道。三是在人格沟通中，未认识到人格的力量是高校思想政治理论课教学的法宝，教师没有注重发挥自身的人格魅力，学生觉得教学乃至教师个人都不符合自己的人格理想，从而不愿意关注教师所传授的内容，也就不能摆脱和超越自己的某些心理影响，思想政治理论课的教育教学效果必然大打折扣，甚至产生零效果。

（三）教学效果考核不到位

考核是教学体系中的一个重要环节，也是体现教学理念的最明显的教学活动。现今高校思想政治理论课教学效果考核，存在三个错误倾向：一是考核内容片面化。我国传统思想政治教育评价体系普遍存在注重静态结果，忽视教育过程评价，目标不灵活等倾向。教学效果考核一般通过评价考试成绩和平时作业及课堂表现来进行，其评价指标往往注重对学生掌握知识多少的考核，而对学生能力和素质考核较少，无法有效测验出大学生运用理论分析和解决问题的能力，也无法有效测验出大学生的理想、信念等思想状况。二是考核主体单一化。教师掌握着评价的绝对权利，是评价的唯一主体，教师将主要精力投入思想政治理论课教学之中，难以掌握学生学习的全面信息，考核时随意性问题较突出，考核的全面性、公平性、准确性得不到保障。三是考核导向作用弱化。考核结果仅仅作为评定思想政治理论课成绩的依据，没有及时向学生进行反馈，更缺乏激励学生改进的机制，不利于引导学生自我评价、自我教育，也不利于激发学生提高思想政治素质以及形成科学的世界观、人生观、价值观和道德观。

第三节　信息化时代思政理论课面临的挑战与机遇

随着信息化的快速发展，思想政治理论课面临着严峻的挑战，与此同时，也面临着前所未有的机遇。厘清信息化时代背景下思想政治理论课面临的挑战与机遇，有助于思想政治理论课运用信息化手段进行教学改革，也有助于增强思想政治理论课的时效性和实效性。

一、信息化时代思想政治理论课面临的挑战

（一）多元化思潮对思想政治理论课的挑战

当前，我国正处在经济全球化、政治多极化、文化多元化深入发展的世界格局之中，面临着社会思潮多元多样多变、交流交融交锋的新形势。与以往不同的是，在网络环境下，信息自由流动实现即时化，政府信息"把关人"的地位相对化，各种社会思潮通过网络论坛、微博等信息化载体可以在短时间内快速而广泛地传播。特别是一些所谓的公共知识分子，利用拥有众多粉丝的微博大V身份，凭借在网络中拥有较大的话语权和影响力，鼓吹各种社会思潮，如历史虚无主义、极端个人主义、新自由主义等，他们用极具颠覆性的观点和煽

动性的语言，否定我国历史，质疑中国特色社会主义道路。这些反马克思主义、社会主义的错误主张和社会思潮，对涉世未深、免疫力不足的青年大学生产生了较大的迷惑性和危害性。

在追求个性和颠覆的名义下，部分青年大学生盲目接受相关错误观念，出现理想信念退化、价值取向低俗化、社会责任感弱化等现象。当这些受到社会思潮影响的青年大学生在思想政治理论课上进行学习时，常常带着先入为主的观点，对思想政治理论课讲授的新民主主义革命历史，社会主义核心价值观，中国特色社会主义道路自信、理论自信、制度自信、文化自信等容易产生怀疑，甚至偏激地认为思想政治理论课"假大空"。思想政治理论课如何消除多元化思潮的消极影响，需要引起思想政治理论课教师的高度重视。

（二）现实社会问题对思想政治理论课的挑战

当前我国经济社会发展呈现出改革攻坚期、发展关键期、矛盾凸显期"三期叠加"的阶段性特征，特别是随着改革的不断深入，我国改革开放已经进入攻坚期、深水区，涉及的利益面越来越广，触及的深层次矛盾越来越多，正如习近平总书记所说："容易的、皆大欢喜的改革已经完成了，好吃的肉都吃掉了，剩下的都是难啃的硬骨头。"大学生对涉及民生的分配制度、住房、医疗、就业等社会问题非常关注，通过网络可以快速获取相关社会问题的最新信息。大学生对收入差距、高房价、看病贵、就业难等问题感到疑惑，但是由于缺乏社会经历，对许多社会问题是知其然而不知其所以然，无法通过自主分析找出正确的原因。因此，大学生希望思想政治理论课能够帮助他们解决因现实社会问题产生的思想困惑。可是，相当一部分思想政治理论课教师对学生关注的社会问题避而远之，漠视学生的思想需求，只是照本宣科地灌输理论。当大学生从思想政治理论课中得不到满意答案时，他们会认为思想政治理论课所讲授的理论脱离社会实际，觉得上这些课没有用，从而产生逆反心理，这会降低思想政治理论课的可信度，在很大程度上影响思想政治理论课教学的实效性。

（三）课堂低头族对思想政治理论课的挑战

随着智能手机和无线网的快速普及，大学生人人持有一部可随时上网的手机。由于自控能力较差，部分学生每天手机不离手，沉迷其中。他们每天起床的第一件事情是玩手机，睡觉前的最后一件事情是玩手机，上课也忙着刷朋友圈、看小说、逛论坛、看视频、打游戏，成为课堂低头族。课堂低头族可以为了学分按时来上课，但进入教室后喜欢坐在教室后面，然后默默地玩手机，无视教师和其他同学的存在。不管思想政治理论课教师如何讲、讲什么，课堂低头族一概不听，当被点名要求回答相关课堂问题时，往往带着浑浊不清的眼神问道："老师，能不能再讲一遍问题？"让本应是思想交流的思想政治理论课课堂变成了教师的独角戏。课堂低头族不仅让自己学习效果为零，而且严重影响了思想政治理论课课堂的学习氛围，严重影响了周围同学的学习状态，严重影响了授课教师的教学情绪，致使思想政治理论课上课质量严重下降。目前，针对课堂低头族的措施，有的高校推行"无手机课堂"建设，即以班级为单位在课前统一上交手机，有的高校要求任课教师将学生使用手机的情况纳入学生学习成绩考核，这些措施立足于堵，但堵不如疏，因此效果不甚理想。

二、信息化时代思想政治理论课面临的机遇

（一）丰富的信息资源有利于扩充思想政治理论课教学资源

伴随互联网传播技术的迅猛发展，当今社会已进入信息爆炸的时代，各种各样的信息以几何级别的速度增长，并铺天盖地地融入人们的生活、工作之中。虽然面临着信息选择困难、低俗信息等问题，但是丰富的信息资源可以有效改变思想政治理论课枯燥乏味的尴尬局面，思想政治理论课教师应充分运用这些信息资源辅助教学。一是从网络上下载制作精良的微视频让教学变得更加直观。如新华社制作的微视频《大道之行》，用习近平总书记的配音，以一种别具一格的方式解读"一带一路"，优美的画面和深入浅出的解说，可让大学生领略不一样的"一带一路"。二是从网络上选用新闻事件让教学变得更加生动。如通过"不放爆竹，就少了年味儿？"这则新闻分析如何改变传统观念进行生态文明建设，通过新闻"'见字如面'24年，铁路夫妻的24万字情书"分析社会主义核心价值观的敬业等。三是引导学生参与网络讨论，让教学变得更加接地气。如每年两会期间，人民网强国论坛都会开设"我有问题问总理"专题栏目，教师可引导学生将想说的心里话、想问的问题发表出来。这样，大学生能体验到参政议政的真实感受，理性思考我国存在的一系列社会问题，更能激发他们积极参与中国特色社会主义事业建设的热情。

（二）即时的互动方式有利于密切思想政治理论课师生关系

清华大学原校长梅贻琦在《大学一解》中曾这样形象地论述师生关系："学校犹水也，师生犹鱼也，其行动犹游泳也，大鱼前导，小鱼尾随，是从游也。从游既久，其濡染观摩之效自不求而至，不为而成。"可见，只有师生关系良好，思想政治理论课才能达到理想的教学效果，正所谓"亲其师，信其道"。

令人遗憾的是，目前相当一部分学生不记得思想政治理论课教师的姓名，师生关系冷淡已成为大学校园的一个痛点。究其原因，在课堂上，思想政治理论课教师面对百人以上的大课堂，往往只能与极少数同学互动。在课外，因为大学教师不用坐班且很多教师住在校外，学生即使想向教师请教也难以在第一时间找到教师，所以课后师生之间的交流几乎为零。因此，互动方式的限制已成为阻碍师生关系发展的一个主要因素。如思想政治理论课教师将微信、QQ、网络空间等大学生喜闻乐见的互动方式引入思想政治理论课教学之中，便可打破时空限制，密切师生之间的关系。教师可建立网络教学平台，在课堂教学过程中为每位学生提供随时发表见解的机会，便于师生围绕相关问题进行教学互动。教师还可以向学生公布自己的微信、QQ、邮箱等，方便学生在课后联系老师。

（三）大数据有利于增强思想政治理论课教学精准性

思想政治理论课作为公共基础课，受教学场地和师资队伍的限制，每个学期教师需要同时教授数百位学生。面对人数众多的学生，思想政治理论课教师在教学过程中不能很好地掌握学生的真实学习状态，不能很好地即时检测学生的学习效果。随着数字校园建设的深入开展，校园数字化、信息化水平不断提高，教育教学数据的记录、统计、存储、共享日益方便，教育大数据使得学习行为、学习状态、学习结果等各类教育信息成为可捕捉、可量化、可传递的数字存在[1]。思想政治理论课教师通过网络教学平台，可以在不打断教学的同时实现对学生听课、提问、讨论、阅读、测验等学习表现的自动化记录，网络教学平台可在数秒钟之内根据教师需要，生成各方面的统计数据。通过大数据统计分析，在课堂上，思想政治理论课教师能及时对人到心未到的学生进行督导，对学习能力弱的学生进行鼓励，对观点偏激的学生进行引导，对表现优秀的学生及时给予肯定。在课后，思想政治理论课教师可认真分析学生的整体学习状态和发展趋势，针对部分学习基础薄弱、学习习惯不佳、学习效果亟待增强的学生，教师可选用更能引起他们兴趣的教学资源，设计更为有效的教学方法，增强思想政治理论课教学精准性。

---

[1] 胡水星.大数据及其关键技术的教育应用实证分析[J].远程教育杂志，2015，33（5）：46-53.

第三章 高校思政理论课教学设计

《礼记·中庸》："凡事豫则立，不豫则废。"教学设计对于思想政治理论课教学，就如同建筑设计对于建筑一样重要。教学设计是以教育学、教育心理学等为理论基础，运用系统论的观点和方法，针对学生的实际需求，有机整合各种课程资源，整体安排教学的相关要素，分析教学中的问题和需求，从而找出最佳解决方案，它是将学和教的原理转化成教学材料和教学活动方案的系统化过程。[①] 教学设计是提高教学实效的重要基础，高校思想政治理论课教师必须深入研究教学设计的各个环节，精心进行教学设计。

第一节 思政理论课课程标准

一、课程标准的内涵

课程标准是确定一定学习时段的课程水平及课程结构的纲领性文件。课程标准规定课程的基本信息、性质、目标设计、内容设计、实施建议、考核方案等。课程标准不仅是高校大学生进行思想政治理论课学习的重要指南，而且是衡量高校思想政治理论课教学质量的重要指标。

二、课程标准的制定要求

（一）明确课程基本信息

高校思想政治理论课主要有"毛泽东思想和中国特色社会主义理论体系概论""思想道德修养与法律基础""马克思主义基本原理概论""中国近现代史纲要""形势与政策"，应按照不同的课程，明确适用专业、授课时间、总学时、学分、前续课程、后续课程等基本信息。

---

① 柳礼泉，黄艳，张红明.论思想政治理论课教学设计的基本环节与着力点 [J].思想理论教育导刊，2009（4）：96-99.

（二）明确课程概述

根据高校开设的思想政治理论课，描述课程性质、修读条件。

（三）明确课程目标设计

不仅要描述思想政治理论课的总体目标，而且要从微观上具体描述思想政治理论课的能力目标、知识目标、素质目标。

（四）明确课程内容设计

课程内容设计是课程标准的重点和难点。首先，需要从整体上按照课程教材将课程分为数个模块，相应分配好每个模块所需要的课时。其次，以一次课（2个课时）为单位，详细描述每一次课的教学内容、教学要求、教学方法。

（五）明确课程实施建议

首先，需要从校内实践基地及条件、校外实践基地及条件两个方面描述思想政治理论课的实践条件。其次，需要按照不同课程要求描述师资条件、教材与教学资源。

（六）明确考核方案

考核方案需要明确合格标准、成绩构成、考核内容、具体考核方案。

第二节　思政理论课授课计划

一、授课计划的内涵及作用

授课计划是以学期为单位，对一个学期的人员安排、教学内容、教学方法、作业布置等制订的具体计划。

制订授课计划可以促使教师认真研究课程标准与教学内容，合理进行教学安排；可以引导教师有序开展教学，避免教学的随意性；可以方便教务部门进行相关督导检查，规范日常教学组织。

二、制订授课计划的要求

（一）安排授课教师

授课教师是授课计划的执行者，授课计划需综合考虑思想政治理论课现有师资情况，尽量协调好老、中、青教师的搭配，协调好专职教师与兼职教师搭配，组建一个年龄结构合理、教学特点互补的课程教学团队。

（二）安排课时

按照相应课程标准规定的课时，确定本学期总课时、周课时，并明确讲课、测验、复习分别是多少课时。

（三）安排教学内容

思想政治理论课内容博大精深，高等院校思想政治理论课课时相对较为紧张，要想在有限的课时里完成思想政治理论课教学，需要结合教材内容、学生实际制订精益求精的计划，做到高校大学生熟悉的、已掌握的内容少讲或不讲，高校大学生不知道的、不熟悉的内容多讲、精讲。教学内容要以周为单位，具体到教材的章节内容。

（四）安排教学方法

思想政治理论课教学不能一味进行灌输，要以因材施教为指导，针对不同的教学内容采用合适的教学方法，从而切实调动高校大学生的学习积极性。思想政治理论课教学常用的教学方法包括讲授法、讨论法、案例法、演讲法等。

（五）布置作业

高校思想政治理论课不能像高中教育那样实行题海战术，课后作业的量应适度，每两次课后布置一次作业较为合适。作业也不能局限于教材的课后习题，可以用演讲、小论文等多种形式完成。

第三节　思政理论课教案撰写

一、教案的内涵

教案即教学设计的方案，它是教师为有效开展教学活动，根据教学大纲和教材要求及学生的实际情况，以课时为单位，对教学内容、教学步骤、教学方法进行具体设计和安排的教学方案，是授课的重要依据。

二、教案撰写的具体内容

（一）教学目标

教学目标是指教师在教学中所要达到的最终效果，是对学生在理论知识、能力、素质等方面产生变化的预期。教学目标既是教学活动的出发点，又是教学活动的归宿，让师生在教学活动中有共同的方向，是教学过程中的行动指南。高校思想政治理论课教案要描述好教学目标，需注意以下三点。

1. 教案的教学目标应注意整体性

高校思想政治理论课教案的教学目标包括知识目标、能力目标、素质目标，其中知识目标是基础，能力目标是核心，素质目标是落脚点。在宏观方面，知识目标帮助学生从了解、知道、理解、掌握等层面学习人生观、理想信念、中国精神、社会主义核心价值观、公民道德准则、尊法守法用法、毛泽东思想、邓小平理论和"三个代表"重要思想、科学发展观、习近平新时代中国特色社会主义思想、中国特色社会主义建设的路线方针政策等理论知识。能力目标帮助学生理论结合实际，运用马克思主义理论指导如何学习、如何做人、如何做事、如何交往，从而提高自身职业核心能力、明辨是非能力、理论分析能力、公民行动能力、社会适应能力、使用法律解决纠纷能力等。素质目标帮助学生树立和培养正确的人生观、崇高的理想信念、深厚的爱国情操、良好的道德行为习惯、实事求是的科学态度、关注国家大事和关心国家发展前途的思想政治素质、积极参与中国特色社会主义事业建设的使命感和责任感等。教学目标不是孤立的，三种目标互为一体，共同构成高校思想政治理论课的教学目标。高校思想政治理论课教师设计教学目标时既要注意同一门课程的内在联系，又要注意"思想道德修养与法律基础""毛泽东思想和中国特色社会主义理论体系概论""形势与政策"等课程在促进学生全面发展中的不同作用，只有系统梳理，整体把握，才能实现每一课教案和全部课程目标体系上的有机统一，教学目标才会形成一个有机的整体，避免高校思想政治理论课缺乏整体性、统一性等突出问题。

2. 教案的教学目标应注意针对性

高校思想政治理论课每一个教案的教学目标，都应结合每一次课的具体内容，将知识目标、能力目标、素质目标从宏观落实到微观。思想政治理论课教师在描述能力目标、素质目标时最容易出现空泛、抽象的情况。例如，部分思想政治理论课教师在描述教学目标时喜欢用"提高学生的分析能力和解决问题的能力""培养学生的爱国主义精神"等，这样的教学目标可以放到任何一门课程之中，也可以放到思想政治理论课任何一个教案之中，过于空泛、抽象的教学目标形同虚设，没有任何价值。应联系学生的能力基础和教材内容，对教学目标进行具体描述，如将"提高学生的分析能力"具化为"使学生能运用中国特色社会主义民主政治理论正确分析中国政治现状"，将"培养学生的爱国主义精神"具化为"关注中国特色社会主义政治建设，培养学生的参政议政意识"。

3. 教案的教学目标应注意灵活性

不同地区、不同类型的高等院校都具有各自的特点，高等院校内不同专业的学生的精神面貌、学习风气、学习兴趣、学习能力、学习基础也各不相同，因此，想要制定一个适合全体高校大学生的思想政治理论课教学目标是难以实现的。一方面，思想政治理论课教师应根据学生的学习基础，灵活制定教学目标。例如，确定教学的最高目标和最低目标，使教学目标具有一定的弹性，这样可以符合不同层次的学生实际，让每一个学生在自己原有水平的基础上得到发展，从而激发他们的学习积极性。另一方面，思想政治理论课教师可根据高校不同专业学生的需要，灵活制定教学目标。例如，针对电子商务专业的学生可侧重培养他们与时俱进学习中国特色社会主义经济建设的理论知识，针对会计专业的学生可侧重培养他们的诚信素质，针对焊接专业的学生可侧重培养他们艰苦奋斗的精神等。

（二）教学重点与难点

把握教学重点与难点问题是解决思想政治理论课教学实效性问题的关键。一个没有重点与难点的教案是没有效果的教案，是一个失败的教案。教学重点与难点既有区别又有联系，有时教学重点与难点是截然不同的，有时教学重点与难点又可以是一致的。所谓教学重点是指思想政治理论课教材中最基本、最重要、最关键的核心内容，是学生应知应会的主要内容。掌握了这部分内容，对于掌握思想政治理论课理论体系起着决定性作用，其他的问题也会迎刃而解。所谓教学难点是指学生容易产生认识偏差或难以掌握的教学内容。教学难点主要是学生因接受知识的能力差异而产生的困难，不同层次学生面临的教学难点显然会存在明显差异，因而相对于教学重点，教学难点更难以把握。确立思想政治理论课教案的重点与难点，应注意把握以下三个方面。

1. 根据思想政治理论课的使命来确定

国家历来重视思想政治理论课的建设，对思想政治理论课建设做出了明确要求。例如，2018 年 4 月教育部印发《新时代高校思想政治理论课教学工作基本要求》的通知，明确提出："高举中国特色社会主义伟大旗帜，以马克思列宁主义、毛泽东思想、邓小平理论、'三个代表'重要思想、科学发展观、习近平新时代中国特色社会主义思想为指导，全面贯彻党的教育方针，落实立德树人根本任务，把高校思想政治理论课教学工作摆在更加突出的位置，更加重视加强和改进教学管理，更加重视提升教学质量，不断提升思想政治理论课的亲和力和针对性，全面推动习近平新时代中国特色社会主义思想进教材进课堂进学生头脑，牢固树立'四个意识'，坚定'四个自信'，培养德智体美全面发展的中国特色社会主义合格建设者和可靠接班人，培养担当民族复兴大任的时代新人。"因此，"习近平新时代中国特色社会主义思想"必然是当前高校思想政治理论课的重点和难点。

2. 根据教材内容来确立

高校思想政治理论课每一门课的教材都有它内在的逻辑关系。思想政治理论课教师不仅要深入钻研教材，理出知识的层次与联系，弄清教材内容的内在体系，还要厘清已学知识和后续知识与这些内容的联系，这样才能把握好教学重点与难点。例如，《毛泽东思想和中国特色社会主义理论体系概论》第一章"毛泽东思想及其历史地位"，此章教学内容分为三小节，第一节为毛泽东思想的形成和发展，第二节为毛泽东思想的主要内容和活的灵魂，第三节为毛泽东思想的历史地位，此章的教学重点应为第二节毛泽东思想的主要内容和活的灵魂，教学难点应为第三节毛泽东思想的历史地位。

3. 根据高校学情来确定

高校大学生是教学的主体，同时也是教学的对象，教学难点是针对学生的学习基础而言的。因此，思想政治理论课教师要了解高校大学生、研究高校大学生：要研究大学生对中国特色社会主义理论、社会主义法律等理论知识的掌握情况，研究大学生的学习习惯、学习方法等情况，研究大学生的兴趣爱好、思想困惑等情况。经验丰富的思想政治理论课教师会在充分研究学情的基础上，合理预测大学生在学习过程中可能会遇到的困难，从而确定每一个教案的教学难点。例如，大学生因为思想不够成熟，在评价人和事物的时候往往容易冲动，常会出现极端现象，对自己喜欢的人和事物往往绝对肯定，对自己不喜欢的人和事物则绝对否定。如何理性地评价人和事物，是目前大学生普遍面临的一个问题。因此，在"毛泽东思想和中国特色社会主义理论体系概论"课程中设计"毛泽东思想的历史地位"的教学时，"如何正确评价毛泽东和毛泽东思想"应作为本教案的教学难点。

（三）新课导入

导入是课堂教学的起始环节，是教师在一个新的教学内容和教学活动开始时，运用多种手段，引起学生注意，激发学生的学习兴趣，引导学生进入学习状态的一种行为。"良好的开始是成功的一半"，新课导入作为教案正文的第一个环节，教学导入的质量直接关系到教学进程的顺畅与否，对教学效果具有直接影响。思想政治理论课新课导入的方式方法可以根据教学对象、教学内容、教师风格而有不同的设计与运用。

有关新课导入的原则如下。

1. 趣味性原则

"百学趣为先"，导入是新课的前奏，是激发学生兴趣的关键，如果不能有效激发学生的学习兴趣，就很难有好的教学效果。如果教师不想办法使学生产生情绪高昂和智力振奋的内心状态，就急于传授知识，那么这种知识传授无法取得好的效果。教学实践和心理学研究都充分证明，一个具有趣味性的新课导入，能有效吸引学生的注意力，增强学生的学习热情，启发学生积极主动思考，保证他们进入最佳学习状态。反之，如果学生一上课就处于紧张的氛围之中，他们的大脑也将随之处于紧张状态，这样会导致学生的思维灵活性、敏捷性受到影响。思想政治理论课新课导入的趣味性并不只是为了引起笑声，而是要使学生对新知识产生浓厚的学习兴趣。因此，思想政治理论课的新课导入要避免平淡乏味、死气沉沉，要根据各章节内容在趣味性上下功夫，使导入的知识内容或互动环节以生动鲜活的形式展现在学生面前；与此同时，应避免将新课导入的趣味性异化为低级趣味，要做到雅而不俗。

2. 关联性原则

思想政治理论课教师在设计新课导入内容时，要针对教学实际，从教学目的、教学内容出发，要善于以旧带新、温故知新，在导入内容与教学内容之间建立起有机联系，使导入内容成为新旧知识之间相互联系的过渡点，起到"画龙点睛"的作用，从而激发学生的问题意识，引导学生由表入里、由此及彼地深入思考，达到"一石激起千层浪"的效果。但是部分思想政治理论课教师在实际的教学过程中为了营造所谓的生动活泼的课堂气氛，采用的导入内容与所讲授的教学内容牵强附会，甚至离题万里。这样的新课导入虽然能吸引学生的注意力，实现表面上的热闹和形式上的互动，但脱离了教学内容，无论其如何精彩、特别，都不能很好地呈现新知识，反而会让学生将他们的注意力转移到与教学无关的活动上，使新课导入流于形式，成为教学的累赘，没有什么实际价值。

3. 简洁明了原则

当前高校每节课的时间为 40 分钟或 45 分钟，高校思想政治理论课一般安排两节课连上。部分思想政治理论课教师在新课导入环节，要么是由于导入的内容信息量过大，要么是由于导入的内容难度过大，造成新课导入的时间过长，占用 10 ～ 20 分钟，显得纷繁复杂、喧宾夺主。为提高教学效率，新课导入的内容需精心设计，争取用最短的时间和最少的语言，快速而有效地拉近师生之间的距离，拉近学生与教材之间的距离，引导学生将注意力集中到学习新内容上。所以，新课导入时间不宜太长，控制在 3 ～ 5 分钟为宜。

（四）教学方法

毛泽东提出："我们不但要提出任务，而且要解决完成任务的方法问题，我们的任务是过河，但是没有桥或没有船就不能过。不解决桥或船的问题，过河就是一句空话。"列宁在《哲学笔记》中引用过黑格尔的一段话："在探索的认识中，方法也就是工具，是在主体方面的某个手段，主体方面通过这个手段和客体相联系。"可见，教学方法对于高校思想政治理论课至关重要。教学方法是教材体系转向教学体系，实现教学目标的关键。2017 年 2 月，中共中央、国务院印发的《关于加强和改进新形势下高校思想政治工作的意见》中指出，深入实施高校思想政治理论课建设体系创新计划，就要创新教学方法，增强教学吸引力、说服力、感染力。长期以来，思想政治理论课教师都在持之以恒地进行教学方法的创新。以"思想政治理论课教学方法"为主题在中国知网进行检索，搜索到 3562 条结果，有的从宏观上论述高校思想政治理论课教学方法改革的重要意义、紧迫性、特点、路径等，有的从微观上结合学生特点、课程特色、学校实际探索案例教学等具体教学方法，可谓"百花齐放、百家争鸣"。尽管部分院校尝试通过统一教学方法增强教学效果，但"教无定法，贵在得法"，针对不同的教师、不同的教学内容，教学方法的运用不可能大一统。

中华人民共和国成立以来，通过长期的教学实践，形成了一系列卓有成效的思想政治理论课教学方法，广泛运用于思想政治理论课常规教学之中。2013年，教育部在东北师范大学召开全国高校思想政治理论课教学方法改革现场经验交流会，时任教育部副部长的李卫红在发言中讲道："我们讲改革教学方法，不是简单地改变传统课堂'灌输式''注入式'教学方法，而是重在充分发挥学生学习理论的主体作用，激发学生内在的学习动力，引导学生主动参与课堂讨论,在交流中实现教学相长、共同提高。广大一线教师普遍采用启发式、参与式、研究式、专题式、案例式教学,运用多媒体、网络等现代教学手段,探索开展社会实践活动的途径和方法,激发学生的学习热情,取得了很好的效果。"目前,思想政治理论课常规教学方法主要有灌输式、启发式、参与式、研究式、专题式、案例式等。在进行教学设计时,可结合教学内容灵活运用教学方法,而不应拘泥于一种教学方法。

(五)教学小结

教学小结是指利用每次课结束前的 3 分钟左右时间对本次课的教学内容做一个言简意赅的总结。根据教学的需要,教学小结可分为概括总结式小结、首尾呼应式小结、情感激励式小结、悬念留置式小结、拓展延伸式小结等形式。高校思想政治理论课随着信息化发展,每次课都包含概念、案例、视频等丰富内容,信息量比较大,知识点比较散,学生容易在认知上产生混淆,难以在短时间内理清所学的内容,因而普遍采用的是概括总结式小结。苏联教育家达尼洛夫和叶希波夫说:"通过总结学生在课堂上所学的主要知识和基本思想来结束一堂课是很有好处的。"由此可见,高校思想政治理论课教师应针对每次课的教学重点和难点,将教学内容有机组织起来,通过言简意赅的教学小结,让学生的学习思维豁然开朗,有效地帮助学生理清知识点间的相互关系,掌握思想政治理论课学习方法,从而达到画龙点睛的效果。然而在高校思想政治理论课教学实践中,部分教师缺乏严谨的教学态度,教学设计中没有教学小结,还有部分教师不重视教学小结,没有精心设计,往往是在下课前匆匆几句带过,流于形式,这些忽视教学小结的做法亟待改进。

(六)作业布置

作业布置是教学设计的最后一个环节,是课堂教学的自然延伸和补充,能积极引导学生深入开展自主学习,能及时检验学生的学习效果,能促进师生交流沟通。但目前高校思想政治理论课作业布置存在一些问题,大部分教师主要是结合教材课后思考题布置作业。例如,《毛泽东思想和中国特色社会主义理论体系概论》中"社会主义建设道路初步探索的理论成果"课后思考题"党在中国社会主义建设道路的初步探索中取得了哪些重要的理论成果",以及《思想道德修养与法律基础》中"人生的青春之问"课后思考题"根据马克思主义关于个人与社会关系的原理说明人生的自我价值与社会价值的关系"这些思考题虽然紧密联系教材理论体系,便于教师进行作业批改,但副作用严重,思考题答案为教材相关知识点，容易造成部分学生抄袭现象，使得课后作业不仅没有起到巩固学习的作用，反而在一定程度上对学风建设产生了消极影响，弱化了思想政治理论课的教学效果。造成这种现象的原因是多方面的，有师资紧张原因而使教师在时间、精力有限的困境下只能采用标准答案快速完成作业批改，也有部分学生因学习积极性不高而应付式完成作业等。因此，加强高校思想政治理论课作业改革非常重要，可以从两个方面着手：一方面，利用信息化手段进行作业布置。围绕学生必须掌握的核心知识建立网络思想政治理论课题库，可采用从易到难的过关方式激发学生的学习积极性，也可利用题库随机出题方式，让每位学生的作业各不相同，杜绝抄袭现象。此外，教师利用大数据统计功能，也能大大降低批改作业的工作量，快速进行成绩统计，及时将学习效果向学生进行反馈。另一方面，采用丰富多样的作业形式。除了思考题式作业外，还可采用论文式作业、调查报告式作业、演讲式作业等形式。例如，《思想道德修养与法律基础》中"向道德模范学习"可采用演讲式作业形式，布置一次主题为"发现我们身边的道德模范"的演讲作业，引导学生关注校园道德行为，以小见大，这样不仅能引导学生发现身边的道德模范，增强对母校的认同感，而且能鼓励学生向身边的道德模范看齐，在实践中提升自身道德素质。

第四节　思政理论课课件制作

一、多媒体课件的优势

随着信息技术的快速发展，以多媒体计算机、多媒体投影仪为主要设备的多媒体教学方式已经在高校思想政治理论课教学中广泛普及。多媒体课件和教案一样是思想政治理论课教学设计的重要内容，相较于传统方式，思想政治理论课多媒体课件的优势主要体现在以下三方面。

（一）信息量大

在传统的"黑板＋粉笔"的模式中，思想政治理论课教师能够使用的教学资源较为有限。例如，教师如果要将授课主要内容在黑板上进行板书，需要花费一定的时间，因而在一堂课的时间内，教师讲授的信息量不得不受到限制，这就造成教学进度慢，学生的学习效率不高。随着信息化的发展，多媒体课件能够便利地将各种信息资源纳入其中。通过投影展示，多媒体课件既可以准确快速地展示思想政治理论课教学内容的主题框架，又可以围绕教学重点和难点将各种新观点、新思想、新问题进行具体展示，能在单位时间内展示丰富的学习素材，从而大大节约黑板板书时间，加快教学节奏，最大限度地优化教学过程，提高教学效率，进而解决思想政治理论课教学内容多与教学课时紧张之间的矛盾。

（二）直观性强

思想政治理论课教师用黑板板书和口头表达向学生展现和传播教学内容，虽然简单易行，但是常令学生感觉深奥抽象、枯燥乏味，难以激发学生学习的兴趣。多媒体课件集图片、文字、声音、影像于一体，可通过生动的画面、丰富的视频等内容，创造图文并茂、声情融会、动静结合的教学情境。例如，讲授《毛泽东思想和中国特色社会主义理论体系概论》中"坚持人与自然和谐共生"的内容时，通过播放视频《台风"山竹"带来的海洋垃圾"复仇"》，展现台风"山竹"肆虐南方沿海城市后，留下的大量垃圾和树木残枝。仅广州市一天就清扫出"山竹"带来的垃圾5890多吨，其中大多数是塑胶宝特瓶、保丽龙盒等难以分解的塑料制品，这些白色物质都是从海洋反冲回陆地的垃圾。醒过神来的网友感慨，人类曾经倾泻到海洋里的垃圾，现在海洋又还回来了！有因必有果，大自然来清算人类过去造成的环境污染了。在这样一种情境中，更容易让大学生直观感受到建设生态文明是中华民族永续发展的千年大计，关系人民福祉，关乎民族未来，功在当代，利在千秋。这种通过播放视频产生的视觉效果，是绝大多数思想政治理论课教师无法用口头描述表达出来的。思想政治理论课多媒体课件可以在单位时间内通过丰富的音像、文字资料生动形象地激活教材文本语言、理论观点，将教学内容化抽象为具体、化静态为动态、化枯燥为生动，从听觉、视觉、感觉等方面给予学生全方位、立体式的感官刺激，使教学内容更具有现场感和感染力，可以引起大学生的注意与兴趣，让大学生产生持续的学习热情。

（三）便于共享

如今，随着共享经济的发展，越来越多的共享新事物出现在我们身边，以共享单车、共享汽车、共享充电宝等为代表的共享产品层出不穷，共享时代已然来临。就思想政治理论课而言，多媒体课件以数字化为基础，能够对文本、图形、图像、音频、视频等多种媒体信息进行采集、加工处理、存储和传递，便于通过网络、USB闪存盘等方式快捷传播，具有典型的共享性。因此，无论是对于教师培训、教研交流，还是课堂教学，无论是教师，还是学生，都习惯在相关活动结束后从讲授者处拷贝课件资料。对思想政治理论课教师而言，制作一次课的课件是极其费时费力的工作，而且教师的教学设计能力参差不齐，所以将教学经验丰富、教学能力强的教师开发的内容充实、图文并茂、生动形象、感染力强的多媒体课件进行共享，能够为其他教师进行教学设计提供借鉴，能够从整体上有效地提升思想政治理论课教师的教学设计水平。对于大学生而言，以教师的多媒体课件为基础，借助课件的辅助教学功能，能够针对课堂学习过程中没有掌握的内容，灵活地利用课后时间进行自主学习。

二、课件制作的原则

（一）拓展性原则

多媒体课件是信息化时代发展的产物，其丰富的教学素材和生动形象的展示方式，决定了思想政治理论课多媒体课件在教材体系转化为教学体系的过程中发挥着重要作用。但是部分思想政治理论课教师在进行课件设计时忽视拓展性原则，习惯于将教材的知识体系简单复制到多媒体课件上，仅仅将多媒体课件作为一种代替黑板板书的展示工具，难以发挥多媒体课件在教材体系转化为教学体系过程中的独特优势。高校思想政治理论课教材是马克思主义理论研究和建设工程重点教材，为思想政治理论课课件设计提供了具有科学性、权威性、严肃性的课程知识体系。就像制作美食，要在原材料的基础上加入各种佐料进行烹制。例如，在设计"毛泽东思想活的灵魂之群众路线"这一部分内容时，可在课件中设计"经典语录：毛泽东论群众路线"，将"真正的铜墙铁壁是什么？是群众，是千百万真心实意地拥护革命的群众。这是真正的铜墙铁壁，什么力量也打不破的，完全打不破的"等观点用图片加文字的方式进行展示。高校思想政治理论课多媒体课件设计应在遵循教材知识体系的前提下，针对当前大学生的心理特点和成长需要，通过播放短小精悍的视频创设教学情境，运用典型案例材料进行问题剖析等拓展方式，对教材内容进行必要的加工、深化、拓展，进而制作出忠实于教材体系而又超越教材，内容丰富、条理清晰、重点突出、针对性强的多媒体教学课件。

（二）交互性原则

《现代汉语大辞典》将"交互"解释为"互相"，交互性可理解为一种双向互动的性质。当前，部分大学生对思想政治理论课缺乏学习兴趣，其中一个重要原因是部分教师对交互性原则缺乏足够的重视。这些教师忽视学生的感受，不能根据学生的需求灵活地进行调整，而是习惯于按照预先制作的课件进行单向式讲授，教学方式只是由以往的"满堂灌"变成"多媒体灌"。尽管看上去教师站在讲台上能够结合课件滔滔不绝地讲课，但师生之间缺乏交流、沟通，台下的学生听者寥寥，教学效率低下，教师只是将自己变成了课件的"播放员"。思想政治理论课课件应注重教师与学生、学生与学生之间的互动，设计互动环节，改变过去那种单向性教学。具体而言，一是提问式互动。思想政治理论课教师在课件中需结合教学案例进行设问，一个好的问题往往能迅速激发学生参与互动的积极性，从而促进师生之间的互动。因此，提问不能是简单的知识性提问，而应是开放性的设问。二是讨论式互动。思想政治理论课教师在课件中可结合教学内容设置具有讨论价值的主题，引导学生畅所欲言，让学生能够充分吸取班级其他同学的想法，促进学生与学生之间的互动。此外，思想政治理论课教师在进行课件设计时还应留有一定的弹性，为教学互动提供足够的空间。

（三）艺术性原则

现代科学技术让多媒体课件集文字、声音、图像、视频、动画等素材于一体，具有多种展现方式。因此，思想政治理论课课件设计也是一门艺术，需要注意两个方面：一方面，要注意课件模板的选择。面对网络上海量的课件模板，一些思想政治理论课教师在选择课件模板时存在两个极端：有些教师喜欢五光十色的模板，过于花哨；有些教师只用白板，过于单调。在选择课件模板时，应该根据思想政治理论课的课程性质和教学内容，选择简洁明了、颜色淡雅的模板，让学生在视觉上感觉舒服、优美。另一方面，要注意课件页面制作。有些教师仅仅是将大段的文字复制在课件页面，有些教师只顾堆积素材而让课件页面排列杂乱，有些教师选择的图片、视频等素材清晰度不高，有些教师设置了大量的动画效果，这些都是不可取的做法。课件页面的文字要言简意赅，具有概括性、简洁性、逻辑性，将教学核心观点体现出来即可，文字的字体、颜色、大小设置应适当、协调。课件页面的图片、视频等素材布局要大方，画面要美观。动画效果的选择不能贪多，适度使用盒状、擦除、展开、飞入、百叶窗、棋盘等效果，尤其要避免大量使用音效。课件页面制作要让学生产生清新、愉悦的感觉，加深他们对教学内容的感知、理解和记忆。

第四章　高校思政理论课教学过程

教育并非一件"告知"和被告知的事情，而是一个主动的建构过程。这个原理，在理论上几乎人人承认，在实践中却又几乎无人不违反。

——杜威

任何事物都表现为一个过程，正像恩格斯曾经指出的那样："世界不是既成事物的集合体，而是过程的集合体。"事物的发展过程，从形式上看，是事物在时间上的持续性和空间上的广延性的变更；从内容上看，是事物在存在方式、形态、结构、功能和关系上的更新。思想政治理论课教学也是一种过程性的存在。本章主要考察高校思政理论课教学行为与课型、高校思政理论课教学过程的结构及其内部关系，以及高校思政理论课教学过程的基本特征。

第一节　高校思政理论课教学行为与课型

教学过程是实现教学目标、实施课程方案的师生互动过程和交往过程。直观地看，教学过程总是表现为教学行为的展开与演化。

一、思想政治理论课教学及其基本要素

如前所述，思想政治理论课教学是在教学目标和课程标准的规范下，由教师所主导的以马克思主义理论体系和社会主义核心价值观体系为基本内容，以提高大学生的马克思主义理论素养、思想政治素养与道德品质为目的的师生双边活动过程，是实现思想政治理论课教学目标、实施思想政治理论课课程方案的师生互动过程。教学的基本要素是教学得以存在和开展的最核心和最基础的元素，包括教师、学生、教学内容、教学方式四个方面。

思想政治理论课教师是思想政治理论课教学的承担者和主导性主体。教师具有相对丰富的马克思主义理论知识和社会生活经验，理解教学目标，掌握教学规律，主导着教学的进程。从一般意义上说，优秀的教师要具备良好的语言

能力、必要的教育理论知识、深厚的学科知识和较丰富的教学经验等，这些因素是优秀教师的基本特征，也是有效教学的先决条件。教师作为现实的人，他们有自己的人生经历、价值观念、生活方式、人生信念和社会理想，这些个性化因素，既可能促进教学，也可能干扰教学。因此，教师要热爱思想政治理论课教学，自觉提高自身的个性化品质，丰富和深化专业知识，学习先进的教学理念，反思和总结教学经验，提升教学能力。

大学生是思想政治理论课教学的接受者，也是能动的参与者。教学效果不仅取决于教师的教，而且取决于学生的学。教学离不开学生的能动参与以及一定的认知和非认知因素的卷入，学生的学习兴趣和愿望、专注和思考、理解和运用等，是影响教学进程和教学效果的重要因素。大学生也是现实的活生生的个体，他们会将自身的需要、兴趣、情感等因素带入教学过程，对教和学做出自己的判断、选择和评价。教师的教，是学生发展的外在因素；学生的学习能动性，是学生发展的内在因素。因此，教师要善于把握学生的思想水平和心理状态，提高学生认知因素和非认知因素的活动水平，激发学生学习的能动性。

思想政治理论课的教学内容作为师生共同操作的对象，作为建构大学生精神世界的思想文化资源，主要包括教材知识和生活经验两个相互联系的方面，体现为课程和教材知识以及社会生活案例等。教师对教学内容的选择和组织要注重理论知识与生活经验的结合，突出目的性、教育性、基本性、启发性等原则。

思想政治理论课教学方式是教师用以展开教学活动的中介，是教师和学生交互活动的方式，是教师、学生和教学内容联系和运转起来的媒介。教学方式既包括教学的模式与方法、载体与平台、工具与手段，又包括教学条件和机制等，实质上是教学设计、组织和评价等因素的总合。从一定意义上说，教学方式是影响教学效果的关键因素。

二、教学行为的类型与特点

（一）教学行为的类型

教学行为是教师"做"的活动、做什么以及怎样做的外显活动的总合。可以从不同的角度来划分教学行为，其中最重要的划分角度有以下三种。

根据教学行为的媒介，教学行为可分为言语行为和非言语行为。言语行为是课堂教学行为中最主要的行为，占所有课堂教学行为的 80% 左右。体现言语行为水平的因素有很多，主要包括言语的清晰度、逻辑性、流畅性、肯定性以及语音、语调、节奏和起伏等。言语行为主要传递系统化和理论化的学科知识，因此，教师的言语行为水平影响甚至决定着学生知识学习的水平。非言语行为主要以伴随言语行为的动作、表情和神态等为主要形式，多是无意识行为。非言语行为通常反映出教师的真实情感、态度和价值观念，与有意识的言语行为相比，非言语行为具有更高的可信度和说服力。教师应有意识地觉察自身的非言语行为，自觉培育和运用积极的非言语行为（眼神关注学生、思索的状态、积极丰富的面部表情、对真理力量的尊重等），努力克服消极的非言语行为（眼睛看向窗外或天花板、较长时间低头看讲台上的教案、面对黑板或 PPT、面部表情淡漠、情绪低落、对真理的无趣感等）。

根据行为对象的指向，教学行为可分为以学生为对象的行为、以教师自身为对象的行为、以教学环境与条件为对象的行为。以学生为对象的行为主要有关注学生、指导学生、向学生讲述、向学生提问、倾听学生、评价学生等。以教师自身为对象的行为主要有两类：一类指向对教学过程的觉察；另一类指向对教学内容的检索。在优秀教师的教学行为中，以自身为对象的行为达到自动化的程度，伴随其他教学行为自动地完成教学过程觉察和教学内容检索；相反，在教学能力较低的教师的教学行为中，常常出现反复看讲稿、看教材等检索行为，常常出现教学步骤和链条断裂，以及需经常停顿以觉察教学进程和环节的现象。以教学环境和条件为对象的行为主要是教师管理或使用各种教学设施、教学手段的行为，在教学中居于辅助地位。教师应自觉加强理论指导和经验积累，从而提高以自身为对象的行为的自动化水平，以充分体现教学的流畅性。

根据行为的目标完成度，可以将教学行为分为有效教学行为和无效教学行为。有效教学行为是有助于完成教学目标的行为；无效教学行为则是与教学目标无关或阻碍教学目标完成的行为。近年来，教育教学领域中的"反教育行为""反教育现象"日益受到人们的关注。"反教育行为"或"反教育现象"很复杂，却与无效教学行为及其结果具有内在联系。就思想政治理论课教学而言，背离思想政治理论课课程属性和教学属性，偏离思想政治理论课教学目标，强迫命令和生硬灌输，呆读死记和死记硬背等行为，本质上是反教育行为或反教学行为；教师言语表达上的无意义重复，无关素材的机械堆积，无意义问题的长时间讨论等，多是无效教学行为。

此外，还可以从其他维度对教学行为进行分类。例如，根据在完成任务中发挥的作用，可将教学行为分为主要教学行为和辅助教学行为；根据目标指向，可将教学行为分为以认知发展为目标的行为、以情感发展为目标的行为等；根据师生协作程度，可将教学行为分为教师独立进行的行为和师生协作完成的行为等。应该看到，教学是一个复杂的行为系统，上述各种类型的教学行为实际上是相互交织的。有学者根据同类教学行为在功能和表现形式上的共性及其与其他类型教学行为的差异性，遵循一定的分类原则，将教学行为分为 10 种具体的行为类别（见表 4-1）。

表 4-1　教师课堂教学行为的种类及其要求

行为类别	行为特点	行为功能和要求
陈述行为	教师中心	以口头语言的方式传递信息和表达意义，包括陈述、讲解、总结等，要求清晰流畅、层次明晰、节奏合理
指导行为	学生中心	指导学生阅读、研讨、写小论文等，促进学生学习能力的提高，加深其理解和感悟体验，要求指导具有有效性，能调动学生的积极性
展示行为	教师中心	利用多种媒体手段展示教学案例等信息，以增强感知和直观性，要求展示内容形象生动、具体丰富，富于教育性和启发性
提问行为	师生互动	教师引导的师生对话，着重于启发思维和深化理解，要求问题设计合理，对话过程具有启发性、生动性和教育引导性
反馈行为	学生中心	对学生的学习过程或学习成果进行分析、拓展或评价，包括口头反馈和书面反馈，反馈要具有及时性、客观性和激励性
管理行为	教师中心	教师以一定的理论和规则为指导，构建课堂人际关系，维持教学秩序，激发学生的学习能动性，要求科学性和艺术性相统一
观察行为	教师中心	了解学生的学习行为特别是外显学习行为，要求及时、全面、客观地把握学生的学习状态
倾听行为	学生中心	了解学生的学习情况特别是学习策略和学习结果，倾听要真诚用心
反思行为	教师中心	分析自身教学行为的合理性和有效性，促进教学行为从自在到自觉，促进教学行为和教学进程的改进，反思要及时和客观
评价行为	学生中心	对学生的学习行为或效果做出判断，有诊断性评价、形成性评价和总结性评价等形式，评价要体现科学性、客观性和发展性等

每一种教学行为都有其科学性和规范化要求。教师要善于自觉地以批判性的眼光和规律性的要求审视自身的教学行为，理解教学行为与教学目标和教学理念之间的内在关联；既要审视一个课时、一个学期的教学行为，又要审视更长的教学生涯中自身的教学行为偏好，理解行为偏好背后所承载的教学理念，并对教学行为偏好做出正确的价值判断，从而不断改进教学行为。

（二）教学行为的特点

第一，教学行为的有意识性。教师的教学行为大多不是盲目的、无意识的行为，而是在实际的教学活动发生之前就在头脑中预先设计的、有目的和有意识的行为。例如，采用什么类型的行为、运用什么样的行为方式、达到什么样的行为效果等，一般都是事先设计的。即使对于种种偶发事件及其处理方式，教师也应有事先设计的行为策略。当然，不同的教师对其教学行为的意识性程度和水平不尽相同。教师在教学过程中也存在一些无意识和下意识的行为，但这些在原则上都不是教学行为。意识性是教学行为的重要特点，也是教师对教学过程进行自觉调控的基本条件。

第二，教学行为的社会性。一方面，相对于教学行为本身而言，教学行为的目标具有逻辑的先在性。教学行为类型和方式的选择受既有的教学目标所制约，也受学生的状态所制约，因此教学行为是一种社会性的行为。另一方面，教学行为不同于舞台上的个性展示或才华表演，其价值指向不在于教学行为本身。也就是说，教学行为的价值主要不是取决于该行为在视觉等感官上的美感，而是取决于它的教育意义。尽管教学行为也是教师实现自身价值的一种方式，但教学行为的价值判断并不基于教师的行为本身，而是基于学生的成长。在有些教师的教学中，存在这样一种现象：教师丝毫不顾学生的反应，自顾自地陶醉于自己的讲述；或者丝毫不顾教学目标，滔滔不绝地讲述自己擅长但与课时目标毫无关系的内容，以至于偏离了教学目标和教学内容的基本要求。尽管这种行为本身很富有感染力，但它不是真正的教学行为，或者说是无效教学行为或反教学行为。

第三，"教"与"学"的不对称性。在一般的人际交往行为中，行为双方的行为内容、行为方式和行为频率往往是对称的，交往双方相互理解、相互认同，彼此的"可交往性"比较强。但在教学行为中，"教"与"学"往往是不对称的：学生可能对教师的行为没有反应，或者没有教师所期望的反应；学生对教师的教学行为及其负载的信息没有理解或理解错误等。正因如此，改进教学方法和增强教学艺术性，提高教学行为的针对性和有效性，就显得尤其重要。

第四，教学行为是整个教学系统的"构件"。从横向看，教学行为是整合各种教学要素的纽带，是传授教学内容、体现教学理念、展示教学方法、实现教学目标的具体的和感性的行为，没有教学行为就没有教学。从纵向看，教学行为是教学过程一定时间片段和时间节点上的感性显现，每一个教学行为都是整个教学过程链条上的"构件"。在这个意义上，改进教学就是改进教学行为，改善教学方法就是改善教学行为方式，增强教学效果就是增强教学行为的效果。

三、思想政治理论课教学的课型及其一般要求

在教学理论中，通常根据教学目标和任务的差异，将课堂教学分为不同的课型。苏联教育家马赫穆托夫把课型划分为四种：第一种类型是学习新教材的课，第二种类型是完善知识技能的课（即复习巩固、深化理解等），第三种类型是混合课（即完成多种任务），第四种类型是检查和运用知识技能的课。我国教学论通常把课分为单一课和综合课两种课型，单一课是主要完成一种教学任务的课型，综合课是主要完成多种教学任务的课型。其实，这种划分是相对的，其目的是增强课堂教学进程的操作规范性和有效性。完成一定的教学目标和任务离不开相应的教学行为，因此，对课型及其结构的把握也就离不开对教学行为的理解。一定的课型具有一定的结构，课的结构就是课的组成部分及其顺序和时间分配等。

在思想政治理论课教学实践中，从教学行为的角度来看，通常有教师讲授型、学生活动型、师生互动型和混合型四种基本课型。

（一）教师讲授型

教师讲授型的课是以教师的讲授为主要教学行为，以知识传授和理解为主要教学目标的课，包括以知识逻辑为线索的讲授和以问题逻辑为线索的讲授两种具体形式。以知识逻辑为线索的讲授以知识的内在逻辑为主线，阐述知识的理论内涵、理论和实践意义；以问题逻辑为线索的讲授则以重要理论和对现实问题的回答为主线，将相关知识串连起来。教师讲授型的课的基本结构一般包括以下四个环节。

第一，组织教学环节。组织教学是在正式讲授之前集中师生双方注意力、明确学习目标、为讲授做好思想和心理准备的教学环节。组织教学的主要方式是教学导入，"教学导入是教师在讲授新的教学内容之前或者教学环节过渡时，通过一定的方式，引导和启发学生进入听课学习或思考、互动而进行的教学组织活动"[1]。教学导入的主要方式有前后衔接式导入、悬念情境式导入、演示激疑式导入、典故案例式导入等。

第二，讲授环节。讲授是教师通过言语陈述活动开展讲解、讲读、讲演的环节。以知识逻辑为线索的讲授要注重"三个突出"：一是突出知识的内在结构，

---

[1] 刘薇，边和平.高校思想政治理论课教学导入探析[J].思想教育研究，2014（2）：44-46.

在纵向上讲清某一知识与其上位知识和下位知识之间的联系,在横向上梳理某一知识与本课程其他知识和其他课程相关知识之间的联系与区别,帮助学生构建立体的知识网络和知识地图。二是突出知识的理论力量,注重通过例证阐释从感性具体上升到思维抽象,再从思维抽象到思维具体,在理论与例证的观照之间彰显出理论的魅力。三是突出理论与实践的结合,注重分析和阐释理论的实践价值和实践意义,注重观察和思考现实问题的理论高度。以问题逻辑为线索的讲授要注重两个方面:一是精选问题,所选择的问题要具有根本性和系统性,或者是知识体系中重要的理论问题,或者是社会实践中重大的现实问题。理论问题的选择要覆盖本课程教学的整个知识领域,突出理论的整体性和理论的高度与深度;现实问题的选择要联系国家发展战略,突出问题的现实性和战略性。二是问题的讲授要突出教学目标引导,要有意识地串连相关知识。理论问题的讲解要紧密结合实践,现实问题的阐释要凸显理论的高度,要注重理论与现实之间的贯通,培养学生运用基本理论分析和思考问题的能力。

第三,提问交流环节。提问交流包括学生提问教师回答、教师提问学生回答、学生提问学生回答等形式,具有激发学习兴趣、启发思维活动、检查学生掌握和理解知识的程度等重要作用。提问交流既可以作为独立的教学环节,也可以渗透到其他教学环节。提问交流要注意以下几方面:一是计划性和引导性,要立足于教学目标,有计划、有引导地开展提问交流。二是真诚性与学理性,提问、答问和交流要体现教师对真理的执着和追求,体现教师对学生成长的关爱和期待。

第四,总结环节。教学总结是教师整理讲授内容、提出后续学习建议的环节,包括转承总结、课时总结、章节总结、单元总结、课程总结等。总结具有梳理知识点和知识结构、检查掌握和理解程度、审查学习效果、反思学习策略等重要作用。教学总结要注重适时性、客观性、启发性和发展性,注重培养学生自我总结的习惯和能力。

(二)学生活动型

学生活动型的课是在教师的指导下以学生的活动为主要形式,以价值领悟和情感体验为主要教学目标的课,包括学生讨论与辩论课、演讲与报告课、角色扮演与情境体验课等。学生活动型的课的基本结构一般包括以下两个大的环节。

第一,课外准备环节。课外准备是学生课前在教师的指导下准备课堂活动的环节,包括师生共同确定课堂活动主题,学生以小组为单位设计活动方案、查找资料、制作活动课件，教师评价并检查学生的活动课件等步骤。课外准备环节要精心细致、主题明确、指导有力。

第二，课内活动环节。课内活动环节包括组织教学、开展活动、进行活动总结等步骤，其中组织学生开展讨论或辩论、演讲或报告、扮演或体验等课堂活动是核心步骤。学生开展课堂活动之前，教师要认真组织教学，提示活动目标与活动要求等，集中课堂注意力；在学生开展课堂活动的过程中，教师要注意引导活动的方向和步骤，使活动聚焦于教学目标；学生开展活动之后，教师要及时客观地加以点评，点评要注重对学生的关爱、肯定和激励，同时又要对学生的活动提出补充、拓展和完善的意见。

（三）师生互动型

师生互动型的课是以教师和学生的交互活动为主要形式，以知识的含义及其意义的理解为主要教学目标的课，包括师生对话、问答、教师讲学生谈、学生讲教师谈等诸多教学形式。师生互动型的课一般包括组织教学、实施互动、课堂总结等环节，其具体要求如上。

（四）基于互联网等信息技术的混合型

基于当代互联网等信息技术而产生的"慕课"、翻转课堂等，作为信息技术与思想政治理论课教学相融合的产物，是一种新型的混合型的课型。从教育技术的视角考察，"慕课"的强大优势不仅表现在在线课程的共享方面，更重要的是通过教学技术的创新，落实了以学习者为中心，使得教与学的关系得以重构，教师与学生的角色扮演发生了变化。这些变化得益于"慕课"的三项技术优势："微课程""小测验"和"实时解答"。这种课型在对教学目标、教学内容的总体认识和把握的基础上，教师围绕教学重点、难点、疑点，以提出问题、分析问题、解决问题为线索，通过问题层次细化及问题逻辑关联，以微课程为教学单元，建立"微课程"教学的问题体系。在这里，学习的场所可以是各种网络终端平台，教学过程可以是先导后学，也可以是先学后导，教师与学生、课内与课外的结构模式可以实现"翻转"。

基于互联网等信息技术的混合型的课要深入研究以下问题：第一，网络课程资源的开发与共享问题，建构集知识性、思想性、生动性于一体的网络课程资源。第二，"微课程"间的逻辑性和知识的整体性问题，消除"微课程"可能存在的独立化和碎片化等弊端，还原知识的逻辑性与整体性以及抽象性与宏大性。第三，学生的自主学习动力问题，建构激发学生积极主动地开展课外学习和研究的管理与评价制度和机制。第四，网络教学资源与纸质教材资源的有机衔接问题，建构网络资源与纸质教材相互衔接，无遗漏、无重复，知识、原理、情感、信念相统一的教学资源体系。第五，人—机交往界面与师—生交往界面的相互促进问题，要发挥两个交往界面各自的优势，克服各自的局限性。

第二节　高校思政理论课教学过程的结构及其内部关系

高校思想政治理论课教学过程是基于教学目标，将教材体系转化为学生的知识结构、认知方式、价值信念和人生境界的过程。这是一个充满矛盾的过程，也是一个有规律的展开过程。

一、思想政治理论课教学过程的结构

（一）具有代表性的教学过程观

在教学论思想史上，教育家和思想家提出了诸多关于教学过程的思想。在中国古代，有孔子和思孟学派的"学、思、行"以及"博学之，审问之，慎思之，明辨之，笃行之"等学习过程的思想。在西方古代，有苏格拉底的"诘问、助产"和昆体良的"模仿—理论—练习"循环递进的学习过程思想。近代以来，主要有以下几种具有代表性的教学过程思想。

第一，夸美纽斯的"模仿—偏差—纠正"教学过程思想。夸美纽斯认为，学习是对自然秩序的模仿和类比，因此，教学必须遵循自然秩序的原则。教学过程就是"模仿—偏差—纠正"的过程，包括模仿自然、发现违背秩序的种种"偏差"、实施纠正"偏差"的措施三个步骤。他认为，贯彻这三个步骤，必须循序渐进、相信学生，因为自然万物的发展都有其内因和秩序，人的发展也有其内因和秩序。"秩序是把一切事物教给一切人的教学艺术的主导原则，这是应当，并且只能以自然的作用为借鉴的。"因此，"艺术的步骤（指教学艺术的步骤）"必须"符合自然的步骤"。

第二，赫尔巴特的"明了—联想—系统—方法"教学过程思想。赫尔巴特以统觉心理学为基础，力求为教师提供一张具有指导意义的"教学地图"。他认为，在每一个最小教学过程的构成部分中，都可以区分出几个阶段，即明了、联想、系统和方法。明了阶段，学生处于"静态的专心活动"状态，集中注意力、用心听讲；教师则采用提示教学方法，清楚明了地讲授新知识，并消除认识的混乱。联想阶段，学生处于"动态的专心活动"状态，期待获得联合的新知；

教师通过分析、对话等，引导学生将获得的新观念与已有的观念相联系。系统阶段，学生处于"静态的审思活动"状态，积极探究，感觉到系统知识的优点；教师采用综合与归纳教学方法，帮助学生在新旧观念和知识联合的基础上，形成概念和定理。方法阶段，学生处于"动态的审思活动"状态，通过思考和练习等行动领悟到把知识加以应用的方法；教师则运用练习法等促进学生将知识运用到实际之中。通俗地讲，"明了"即教师讲述新教材，将新概念进行分解研究；"联想"指通过师生对话等活动，将新旧知识和学生头脑中的新旧观念联系起来；"系统"指在教师的指导下形成知识和观念的概括，形成结论和规则；"方法"是将新知识应用到新的情境之中。在教学的每一个阶段和步骤中，都要注意学生的专心活动和审思活动。19世纪末，经过赫尔巴特的门徒席勒以及席勒的学生赖因等的改进，赫尔巴特教学过程思想被发展为五个步骤：明了分化为准备与提示两个步骤，联想具体化为比较和抽象，系统和方法分别通俗化为概括和应用。准备即教师引导学生回忆有关的知识和经验。提示指教师引入新事实或新知识。比较和抽象指教师引导学生认识新旧事实、新旧知识的内在联系。概括是将新旧事实和新旧知识的内在联系和共同要素表述出来，并作为一个原理或概念加以命名。应用即用这个新学习的原理来说明和解释相关事实。这些步骤被看作一切教学都必须遵循的一般方法，这就是赫尔巴特派著名的"五段教学法"。

第三，加涅的教学过程思想。加涅认为，教学过程是根据学生的学习行为诸阶段而展开的师生交往过程。学生的学习行为包括八个阶段：动机、领会、习得、保持、回忆、概括、操作、反馈。每一阶段有各自的内部过程和各自影响它的外部事件。从静态上看，学生的学习有信号学习、刺激—反应学习、形成链索、言语联想、辨别学习、概念学习、法则学习和问题解决八种类型。每种学习类型划分的依据都是人脑对所接收到的信息进行思维加工的方式。加涅主张，教学过程就是教师有意识地安排学习条件和设置学习情境，从而促进学生有效学习的过程。教学意味着安排学习者外部的适当的学习条件。这些适当的外部条件，包括教师和学生在言语上的交往，告诉学生什么是要完成的，提醒学生什么是已经知道的，指导学生的行动，引导学生沿着某些线索去思考。教师可以用来影响学生的学习过程的四个最常用的教学组成部分包括：①激发学生回忆以前学得的能力；②直接提出种种适当的刺激；③使所希望的心向活动起来；④反馈的准备。最终所要完成的教学目标或形成的学习结果，主要有五类：言语信息、智力技能、认知策略、态度、运动技能。

第四，杜威的"困难—问题—假设—验证—结论"教学过程思想。杜威以经验主义为基础，把教学看作一个积极的反省思维活动过程。他认为，人的学习是"从做中学"，是一个"试错"或探究的反省思维活动过程。积极的反省思维活动包括五个阶段：一是处于困惑和不安的情境，觉察自己的目的与困难之所在；二是提出问题，使情境中的困惑和困难明确起来；三是通过观察和搜集事实，提出解决问题的假设；四是推断哪一种假设能够解决问题；五是通过实验来验证或修改假设，形成结论。上述五个阶段被称为"五步教学法"。

第五，凯洛夫的"六环节"教学过程思想。凯洛夫纠正了杜威经验主义教育思想忽视系统知识的偏差，以马克思主义认识论为基础，注重从生动的直观到思维抽象，并从思维抽象到实践的认识运动的辩证法，强调教师的主导作用和系统知识的学习，提出了教学过程六环节的思想。教学过程的六个环节包括：感知新事物、理解新事物的特点和联系、形成概念、巩固知识、形成技能技巧、实践运用。

第六，巴班斯基的教学过程最优化思想。巴班斯基以系统方法论为指导，提出"教学过程最优化"思想。所谓教学过程最优化，是指综合协调和动态调整教学系统内外各因素，以实现教学过程的最大化效果。最优化的教学过程包括五个因素，即遵循教学规律、考虑教学条件、优选教学方案、调控教学活动、取得最大化教学效果。教学过程最优化思想关注的重点，不是模式化的教学程式，而是教学各因素最佳耦合而生成最大化的效果。其中，最为重要的是，要把握综合的教学任务、了解和研究学生、选择教学内容、选择合理的教学方法与教学形式、优化教学条件、动态调整教学过程、分析研究教学效果等。

上述几种具有代表性的教学过程思想都有各自的合理性，也有其局限性。一定的教学过程思想是以对教学本质和学习机制的理解为依据的，对教学本质和学习机制的理解不同，人们对教学过程的认识也不同。

（二）思想政治理论课教学过程结构的一般含义

上述具有代表性的教学过程观表明，教学是一个多方面规定性辩证统一的过程。

第一，思想政治理论课的教学过程同其他课程的教学过程一样，是由多个环节或步骤构成的师生交往过程，这些环节或步骤具有一定的规律性。无论是中国古代的"学、思、行"或"学、问、思、辩、行"，还是夸美纽斯的"模仿—偏差—纠正"，以及赫尔巴特的"明了—联想—系统—方法"四阶段或杜威的"困难—问题—假设—验证—结论"等步骤，都指出教学是以过程的方式存在的，是由一定的步骤或环节构成的。而这些步骤或环节反映了人类思维的一般的和基本的规律。当然，教学的环节或步骤不是机械的、僵化不变的，而是随着教学对象、教学内容等的变化而变化的。但教学有其基本的步骤或环节，这是确定的。善于遵循教学过程的一般步骤，又密切结合教学对象和教学内容的特点而灵活运用，这是教学艺术的重要方面。

第二，思想政治理论课教学过程在教学目标上是知识、认知方式、价值观和人生境界相互促进的发展过程。教学表现为一个过程，不仅仅指步骤或环节方面，更重要的是，它表征多方面教学目标的辩证运动。教师讲解、学生讨论、思辨审问、答疑解惑，教学的这些步骤和环节，既是认知上由浅入深、由表及里的过程，也是获得科学的认知方式、形成正确的价值观、提升人生境界的运动过程。

第三，教学过程还是教学过程内在要素相互作用、相互转化的过程。教学是多种要素有机联系的整体，教师、学生、教学目标、教学内容、教学方式等是教学的基本要素。在某种意义上，教学过程就是处理教学要素之间的相互关系的过程。其中，教师与学生、直接知识与间接知识、掌握知识与提升素养、教学形式与教学内容、教学方式与教学目标等，是教学系统的基本的内部关系。教学过程运用什么样的步骤或环节，如何安排教学步骤或环节，反映了不同的教学过程观，在根本上则体现了对教学过程内部关系的不同理解。

二、思想政治理论课教学过程的内部关系

思想政治理论课教学过程是一种关系性的存在，包括教学系统内部各要素之间以及教学系统同与之关联的外部因素之间的关系群。思想政治理论课教学与社会环境、学校环境等的关系，是教学的外部关系。就教学的内部关系而言，思想政治理论课教学过程是教师、学生、教学内容、教学方式等基本要素相互作用和转化的过程，包含一系列的复杂关系。理解教学过程，就是理解教学过程的种种关系。在这里，主要分析教学过程的内部关系。

（一）教师与学生的关系

教师与学生的关系是教学过程中的两个主体之间的关系，把握好这个关系，是有效教学的重要前提。

第一，教师与学生是教学活动过程中的两个最基本的因素，教师与学生的关系也是教学过程诸种关系中最核心的关系。在教学思想史上，关于教师与学生的关系问题，有"教师中心论"和"学生中心论"两种观点。一般把以赫尔巴特为代表的传统教育派的观点概括为"教师中心""教材中心""课堂中心"，

把以杜威为代表的现代教育派的观点概括为"学生中心""经验中心""活动中心"。这两种观点都具有合理性，也都具有内在的片面性。

第二，教师在教学过程中居于主导地位。在教学过程中，教师的教一般是矛盾的主导方面。教师的主导作用集中体现在激发学生的主体作用上：在认知关系上体现为教师善于启发、耐心讲解、热情辅导；在人际关系上体现为教师尊重和信任学生，严格要求和真心关爱学生，学生尊敬和爱戴教师，课堂关系民主平等，适度的智力紧张与氛围愉悦；在教学态度上体现为立德树人、谆谆教诲、教学相长、严谨亲和等。学生的主体作用，如学习的积极性、主动性、创造性和反思性等的发挥程度，是衡量教师主导作用发挥程度的根本标准，教学中那种强迫专横、独断专行的做法，在根本上有悖于教师的主导作用。

第三，师生关系在教学目标和内容等维度上体现为教的方面与学的方面的矛盾，常常表现为学生的学习兴趣与思想政治理论课的理论深度和价值高度之间的关系。教师的教的方面代表着国家意志和社会期望，学生的学的方面代表着学生自身的理想、需要和期盼。在思想政治理论课教学过程中，教的方面和学的方面在根本上是统一的，但往往存在不一致。例如，相对于专业技术知识而言，部分学生对思想政治理论课的意义存在认知偏差，表现为对教学内容不感兴趣。面对这种情况，有的教师采取强迫灌输和独断专行的教学方式；有的教师则降低课程的理论品位，采取片面迎合学生的"娱乐化"教学策略，即把深度、理性、记忆、反省、意义等让位于平面、感性、刺激、放纵和游戏，用有趣替代有益，用有意思替代有意义，在教学上"重感性轻理性、重形式轻内容、重叙事轻分析、重过程轻效果"。这两种教学策略都是有害的。

第四，在师生关系问题上，要克服"教师中心论"和"学生中心论"两种片面认识。"教师中心论"强调教师的主导地位和引领作用，但它片面夸大了教师的作用，忽视甚至否定学生的能动性和主体性。正如杜威在批判"教师中心论"时所指出的："教育并非一件告知和被告知的事情，而是一个主动的建构过程。这个原理，在理论上几乎人人承认，而在实践中却又几乎无人不违反。""学生中心论"注重学生的主体地位和个体经验，反对单向的知识灌输和居高临下的说教，这是正确的，但它片面夸大了学生个体经验的作用，忽视甚至否定教学过程中教师的主导地位。其实，教学内部各要素，无论是教师、学生，还是教学内容、教学方式，在教学过程中都各有其重要的作用和地位。在一定的条件下，教学系统中的某一个要素可能居于矛盾的主要方面，居于中心地位，而随着条件的变化，则可能其他要素居于矛盾的主要方面，居于中心地位，这需要具体问题具体分析。因此，抽象地谈论"以教师为中心"或"以

51

学生为中心"都是片面的，关键是要正确认识教学的具体条件，正确理解教师的主导作用和学生的主体作用的内涵及其表现方式。

（二）直接知识与间接知识的关系

直接知识与间接知识的关系是教学内容的两个部分之间的关系。把握和处理好直接知识与间接知识的关系，是进行有效教学的重要基础。

第一，传授和学习间接知识是思想政治理论课教学的主要任务。与人类的直接认识和一般的实践活动不同，思想政治理论课教学作为一种特殊的认识与实践活动，主要是传授和学习间接知识的活动，即系统深入地学习马克思主义理论和中国特色社会主义理论，在具体的教学中表现为学习和理解教材知识体系。教材知识是理论性、系统性和逻辑性的知识体系，是人的精神世界面貌的最深刻的基础，对教材知识的系统、准确和深入的掌握与理解，是大学生形成正确世界观、人生观和价值观最基本的前提。任何轻视教材知识、降低知识的理论品格的做法，都是有害的。吴潜涛在谈到大学生历史观教育时指出："教师在授课中，只有用准确真实的史实才能揭示历史虚无主义的本来面目及其危害，进而增强学生自觉抵御和防范历史虚无主义的自觉性。"历史观教育是这样，其他思想观念的教育也是这样。

当前，尤其要反思那种整堂课播放视频、举行辩论或演讲，或整单元由学生主讲等做法。对于这些做法，有一种辩护性的观点认为，只有这种教学形式才能引起学生的学习兴趣，其实，这是不全面的。关于理论知识与学习兴趣的问题，苏霍姆林斯基有一段十分深刻的论述。苏霍姆林斯基指出："认知本身是一个最令人惊讶、诧异和感到神奇的过程，能激起高昂而持久的兴趣。事物的本质、事物的种种关系和相互联系、运动和变化、人的思想、人所创作的一切，都含有无穷无尽的兴趣源泉。……如果你只指望靠表面看得见的刺激来激发学生对学习、对课程的兴趣，那就永远培养不出学生对脑力劳动的真正热爱。……没有积极的脑力劳动，学生的任何兴趣、任何注意力都是不可思议的。"他进一步指出："兴趣的源泉还在于运用知识，在于体会到智慧能统率事实和现象，人的内心有一种根深蒂固的需求——总想到自己是发现者、研究者、探寻者。""克服智力冷淡的最正确途径就是思维，只有通过思维才能唤起思维。"可见，不能"指望靠表面看得见的刺激来激发学生对学习、对课程的兴趣"，理论的高度和深度、理论知识的价值以及智力活动本身，才是学习兴趣的最深厚的源泉。

第二，学习间接知识要紧密结合学生的直接经验。传授和学习间接知识是思想政治理论课教学的主要任务，这并不否定直接经验在教学中的重要性，相反，学习好书本知识，必须结合学生的直接经验。

书本知识对于大学生来说，是外在的、抽象的、理性化的知识，要将其转化为学生内在的、理解的知识结构，并进一步转化为学生精神世界的有机部分，就必须结合学生的生活经验。杜威指出："间接的知识、属于他人的知识，容易变成只是字面意义上的知识。我们并非反对用语言文字表达的知识信息，交流信息必须用语言才能进行。但是，如果所交流的知识不能纳入学生已有的经验中去，这种知识就会变成纯粹的语言文字，即纯属一种感觉的刺激，而不会有什么意义。"把间接知识组织到学生的经验中去，其主要路径有两种：一是增加学生活动型的课、师生互动型的课以及混合课，广泛运用师生共同参与的教学模式，把教材的逻辑体系转化为学生成长过程中所需要和期盼的问题体系，通过师生互动和交往开展教学。二是在教师讲授型的课上，"善于运用教材，从讲史实、讲现实、讲事实入手，用学生能够听得懂的话语对理论加以表述"，把抽象的知识和学生已有的经验联系起来；同时，加强理论与实际的结合，注重概括性知识的具体化、具体知识的概括化，帮助学生学会把理论知识应用到生活和实际中去，学会运用马克思主义理论来观察和分析生活，学会对生活做具有理论高度和理论深度的阐释。

第三，把握直接知识与间接知识的关系，要防止两种偏向。一种偏向是以学习间接知识为由，只注重书本知识的传授，忽视理论联系实际，不考虑学生是否可以接受、是否理解和内化，一味地注入式讲授。另一种偏向是以加强学生体悟和理论联系实际为由，过于重视学生活动而忽视了系统化和理论化的学科知识，甚至把理论化的知识简单地贴上"枯燥知识"的标签。应当看到，知识可以是抽象的、理论化的，但不是"枯燥"的，没有"枯燥的知识"；也要看到，重视间接经验的目的，恰恰在于增进学生对抽象知识的理解，从而帮助学生内化知识，进而形成价值观和信念。无论重视直接经验还是间接经验，其共同的目标在于提升学生的理论素养、思想修养和人生境界。

（三）掌握知识与提升素养的关系

掌握知识与提升素养的关系，是教学目标两个方面之间的关系。处理好这一关系，直接涉及教学目标的完成。

第一，在掌握知识与提升大学生思想政治素养的关系问题上，首先要认识到，系统的知识特别是基本原理与方法，是一个人的素养的基础和内核。英国教育家怀特海指出："真正有价值的教育是使学生透彻理解一些普遍的原理，这些原理适用于各种不同的具体事例。在随后的实践中，这些成人将会忘记你教他们的那些特殊的细节，但他们潜意识中的判断力会使他们想起如何将这些原理应用于当时具体的情况。……完全渗透你身心的原理，与其说是一种正式规范的陈述，不如说是一种智力活动的习惯。"学生或许会遗忘那些具体的细节知识，但基本原理和方法以及获得知识的认知策略会内化于学生的内在心理结构之中，并成为他们思想政治素养结构的内核。因此，帮助学生系统掌握马克思主义理论，懂得马克思主义的立场观点和方法，是思想政治理论课教学的首要任务。

第二，要认识到知识本身并不等于人的思想政治素养。思想政治理论课教学要促进知识向素养的升华，在知识的内容和形式上，要注重使学生掌握基本理论和普遍原理，注重知识的横向联系和纵向联系，注重知识的基本性和整体性。在教学目标上，既要注重知识目标，也要注重认知目标、情感目标和自我目标的完成度，培养学生良好的思维习惯，使学生领悟知识的深刻意义，引起学生对知识及其意义的共鸣、敬慕、震撼和认同。

第三，单纯地传授知识，或脱离基本知识教学的思想政治理论教育，是片面的、不可取的。传授知识要始终坚持教学的教育性原则，思想政治理论课教学更是如此。教师要有意识地发掘教材知识的教育性意义，教学过程要指向知识的教育性，而不是指向知识本身。正如赫尔巴特所说："如果教学不再具有教育意义，那么环境中的一切平庸的事物立即会诱使孩子倒退。""只有从道德观的美学威力出发，才可能出现那种对美的纯粹的、超脱了欲望的、和勇气与智慧相协调的热情，借以把真正的道德化为性格。"那种沉溺于趣味、娱乐、搞笑、博眼球，或者过于突出细节或琐碎知识点的教学，都不符合教学的教育性原则。

（四）教师和学生与教学内容的关系

教师和学生与教学内容的关系，是教学过程内部关系的重要方面。

第一，在教学中，教师与学生对课程目标和教学内容的理解不尽相同。美国教育学家古德莱德曾将课程划分为"理想的课程""正式的课程""领悟或理解的课程""运作的课程""经验的课程"五种形式，这意味着教学所实施的内容以及最终所实现的内容，同教育目的所要求的内容之间总是存在一定的差距。杜威也曾指出："教师对教育内容的态度与学生对教育内容的态度有很大的差异。"有意识地缩小这种差距，是有效教学的重要保证。教师要在全面准确理解课程目标和教材内容的基础上，客观评估和反思学生所理解的课程，客观评估和反思课堂教学中实际运作的课程，努力使课程的五种存在形式达到一致。

第二，上述矛盾关系在学生方面主要体现为：部分学生觉得思想政治理论课意义不大，因而学习兴趣不高。用通俗的话说，就是教师所讲与学生爱听之间的矛盾。的确，教师所讲与学生爱听之间存在着矛盾关系：有相当多的学生觉得这类课程于就业无实质性的帮助，故采取消极应付态度，目的只是拿到学分；学生对思想政治理论课的学习兴趣不大，是一个普遍存在的现象。对此，既要激发和培养学生的学习兴趣，又不能一味地迎合学生的兴趣。一方面，要认真研究并有效解决学生的学习兴趣问题，把提高学生的学习兴趣作为教学方法研究的基本思路。因为学习兴趣与学习效果之间存在正比例关系，在学生没有学习兴趣的条件下，任何增强学习效果的办法都很难见效。教师要善于结合现实生活，结合学生的思想问题和困惑，结合学生思想上和理论上的需要，努力使教学进入学生的心中。另一方面，不能一味地迎合学生需求，那种"学生爱听什么，教师就讲什么"的观点是极端片面的，用来指导教学也是有害的。学生爱听什么，这只是教师处理教学内容的一个参照、一个入口、一个着力点，而不能成为教师处理教学内容的最重要甚至是唯一的标准。其实，人都有释疑解惑的内在需要，都有理论学习的需要，简单地认为学生对抽象的理论、对马克思主义理论不感兴趣，这本身就是武断的。当然，受实用主义、功利主义和娱乐化倾向等的影响，大学生的理论需要可能会受到一定程度的遮蔽，大学生对马克思主义可能会产生一定的误读误解，但是这不仅不是思想政治理论课无用论的理由，恰恰相反，这是必须加强系统化的马克思主义理论教育的确证。

第三，教师要在"领悟或理解的课程"特别是"运作的课程"上下功夫。教师要善于使正确领悟了的课程以学生喜闻乐见的方式有效运作起来，引导学生对基本理论和普遍原理产生兴趣，并形成自觉运用理论来分析问题的思维习惯，而不是简单机械地照本宣科或一味迎合学生的兴趣。这是从教材体系向教学体系转化的基本含义。从教材体系向教学体系的转化，其转化的方向不是要离开教材体系，更不是要背离教材体系，而是要以符合学生认知水平和情感水平，以易于被学生接受和理解的方式来回归教材体系，转化的目的是更好地回归。

（五）教学方式方法与教学原理的关系

教学方式方法与教学原理的关系，是教学过程展开手段与展开机理之间的关系。

第一，作为教学展开的手段，教学方式方法在教学过程中具有重要意义。蔡元培先生曾指出："好些教师，于所任教科，很能有系统地组织，于相关的学科，亦能多方注意。这种教师，除致力于学科的研究之外，往往忽视教学的方法，虽则他教授的时候，尽可能充实学科的内容，补充较新的材料，因为不谙教学的方法，遂不易引起学生学习的兴趣。"可见，熟练掌握和运用有效的方式方法，是有效教学的重要条件。

第二，教育教学原理具有更为重要的意义。如果说具体的教学方式方法是关于"是什么"的操作手段，那么教育教学原理则是关于"为什么"的学说。每种教学方式方法的背后，都有其哲学、教育学或心理学等的理论依据，只有真正理解教学方式方法背后的理论依据，才意味着真正理解了教学方式方法本身。俗话说，"教学有法，但无定法""运用之妙，存乎一心"。恰到好处地运用教学方法，是以真正理解其深层理论基础为条件的。

第三，当前要注意"方法泛滥，理论阙如"的现象。自"05方案"颁布以来，广大教师积极探索，实施了诸如专题教学法、问题教学法、案例教学法、讨论教学法、情境教学法、对话教学法等有效方式方法，极大地增强了思想政治理论课教学的吸引力、感染力和实效性。应该看到，同时也出现了"方法泛滥，理论阙如"的现象，其主要表现如下：一是杜撰种种奇异的教学法名称，如演讲教学法、参观教学法、激情教学法、美育教学法等。演讲、参观只是一种具体的教学活动（行为），"激情教学法"和"美育教学法"则实在不知所云。二是不恰当地称呼教学法，如所谓的网络教学法、多媒体教学法等。网络和多媒体都只是教学的一种技术条件，而不能称为一种教学法，正如我们不能说"黑板教学法""粉笔教学法"一样。三是简单"拿来""依葫芦画瓢"，不考虑教学对象、教学内容、教学目标、教学条件等因素对教学方法的制约。四是以教学方法现代化的名义，陷入花样翻新、眼花缭乱而不求实效的泥沼，如有的学者所指出的那样："相对于传统教学手段，多媒体辅助教学声像并举、图文并茂，能够增强授课内容的直观性、形象性、生动性和趣味性，是改善教学方法、提升教学实效性的有效途径。但是，部分教师过分追求思想政治理论课教学方式的'视觉主义化'，过度依赖图像、视频等多媒体技术手段，试图以娱乐化、技术化的形式来取代教材理论体系的阐述和知识点的讲解……更有甚者，完全脱离教材内容、让位于网络视频，使本来规范严谨的思想政治理论课充满浓厚的娱乐化色彩。"①这种做法可能会博得学生关注、博得学生一笑，

---

① 刘艳.高校思想政治理论课教学"泛娱乐化"现象批判与省察[J].广西社会科学，2015（9）：209-212.

56

但降低了思想政治理论课的品位，弱化了思想政治理论课的教育功能，造成了学生认知思考能力的缺失。上述现象表明，教师要加强对教育教学原理的学习，深刻理解教育教学基本理论，明确各种教学方式方法的约束条件及其应用规范。

（六）认知因素与非认知因素的关系

认知因素与非认知因素既是教学目标的两个方面，又是影响教学过程的两个重要因素。

第一，作为教学目标，认知因素和非认知因素都是教学目标体系中的重要方面，二者缺一不可。思想政治理论课教学目标体系涵盖知识（陈述性知识），情感（体验和评价）以及学习策略（认知策略、元认知策略和自我策略）三个维度，每个维度又划分为基础层次与发展层次两个层次。其中，知识目标、认知与元认知策略属于认知因素，情感目标和自我策略属于非认知因素。这两个方面是相互影响、相互促进的关系。

第二，作为影响教学过程的两个因素，认知因素和非认知因素都对教学过程具有重要影响。认知因素如学生在学习过程中的感知、观察、思维、记忆、想象、推理等认知心理状态和活动水平，以及教师所营造的对知识和真理的求知、探究、理解、应用等课堂氛围，深刻地影响着教学进程及其效果。非认知因素如学生在学习过程中所激发的好奇、兴趣、愿望、需求、信心、专注、审思、毅力、责任感等，以及教师所建构的师生民主和谐、尊重知识和真理的课堂关系，是教育教学的重要动力机制。作为影响教学过程的两个因素，它们相互依存、相互转化。教学必须有效地发挥这两个方面的整体功能。

第三，要善于调节这两个因素，促进教学过程最优化。一方面，要努力通过改进教学来调动和建构课堂认识和非认知因素。教师要有意识地改进教学，增强教学内容的学理性、逻辑性和挑战性，增强教学过程的启发性、民主性、探究性和智慧性，保持教学过程的合理节奏与张力，从而激发、保持和发挥学生认知和非认知因素的积极状态和作用。另一方面，教师要有意识地增强学生的自我教育能力，提高学生自我激励、自我反思、自我调控的水平。

第三节　高校思政理论课教学过程的基本特性

在分析了教学行为与课型、教学过程的结构及其内部关系之后，有必要进一步审思和明确思想政治理论课教学过程的两个基本特性。

一、一个多种规定性相统一的过程

思想政治理论课教学是以认识过程为核心，认识过程、审美过程、价值过程等多种规定性的统一，也是知识建构过程与思想引领过程的统一。思想政治理论课教学必须帮助大学生掌握马克思主义理论知识，形成马克思主义基本理论知识结构和体系，这是知识体系的建构过程；同时，必须引导大学生形成与马克思主义立场、观点和方法以及与社会主义意识形态相一致的思想观念、政治观念、价值观念等，这是一个思想引领的过程。王向明认为："思想政治理论课教学应遵循几个基本原则，要以真理的力量感召人、以真挚的情感打动人、以生动的形式吸引人。"其中，"以真理的力量感召人"主要是认识活动过程，而"以真挚的情感打动人""以生动的形式吸引人"则可以理解为审美和价值活动过程。

（一）一个特殊的认识过程

从最一般的角度来看，人类一切活动都渗透着审美和价值的指向。然而，思想政治理论课教学过程不同于舞台表演、诗词鉴赏，不同于一般的物质生产活动和价值鉴定活动，也不同于大学生思想政治教育的各种课外活动形式，其最核心的属性是认识过程，审美过程和价值过程都必须建立在认识过程的基础之上。

赫尔巴特早就注意到了教学的独有特点，他指出："教学的概念有一个显著的标记，它使我们非常容易把握研究方向。在教学中总是有一个第三者的东西为师生同时专心注意。相反，在教育的其他一切职能中，学生直接处于教师的心目中。"也就是说，教学过程区别于教育其他形式的显著特点是，有一个"第三者"横亘于师生之间，它是师生共同专注的。这个"第三者"就是专门知识及其方法。在赫尔巴特看来，离开了这个"第三者"，教学也就不能称为教学了，教学就是围绕它——对它的传授与接受、陈述与理解、练习与应用而展开的过程。思想政治理论课教学作为一个认识过程，就是围绕马克思主义理论、马克思主义中国化理论体系等知识而展开的传授、陈述和解释、理解的过程。与人类一般的认识过程的不同之处在于，教学过程主要不是通过亲身实践获得直接知识，而是学习掌握"前人总结生产斗争和阶级斗争的经验写成的理论"。

教学过程是一个特殊的认识过程，意味着在处理教师与学生、直接知识与间接知识、掌握知识与提升素养等关系时，要围绕理解和掌握课程的基础理论和基本原理等核心认知任务来安排教学，并帮助学生形成系统的知识结构和积极的认知策略。所有的教学活动都要体现这个判断并聚焦于教学目标，通过生动有效的语言交往，使教学内容进入学生的心中。苏霍姆林斯基说得好："我们作用于学生精神世界的最重要的工具是教师的话语""语言是争取人们灵魂的坚强战士"。离开了"教师的话语"，就不是真正意义上的教学。教师要用炽热的、犹如明亮的火炬一样的语言，向青少年说明我们的祖国从古到今所走过的艰难而光荣的道路，向他们指出通向光辉未来的并非平坦的道路，使年轻的公民感到自己正在进行一场千年历史的接力赛。思想政治理论课是党和国家为了大学生的健康成长设立的专业化、专门化、针对性的思想政治教育课程，课程内容的选择、教学计划和教学大纲的设计、教学重点和难点的确立、教学的评价以及教师的选拔都经过严格的、科学的设计和安排，体现出高度的目的性、计划性、系统性和专业性。这样的课程教学必须体现理论的深度、广度和难度。

（二）一个情感过程和价值过程

思想政治理论课教学过程是特殊的认识过程，同时又是一个情感过程和价值过程。

首先，培养学生积极而深厚的情感和正确的价值观，是思想政治理论课的重要教学目标。思想政治理论课教学不仅要使学生获得知识，懂得"是什么"，而且要使学生形成高尚的情感和情操，培养学生正确的价值观。按照苏霍姆林斯基的观点，能力只能由能力来培养，志向只能由志向来培养，才干也只能由才干来培养。同样，情感只能由情感来培养，价值观只能由价值观来培养，没有情感过程和价值过程的陶冶与洗礼，就不可能培养学生的情感和价值观。因此，教育者必须有非常细致的美感，应当热爱美，创造并保护自然界和学生心灵中的美。

其次，教学活动的主体是有情感和个性的人。学生的头脑不是一个机械地容纳知识的容器，教师个体和学生个体都不是一个抽象的存在，而是具有十分细腻的情感和心灵的活生生的人。在教学中，教师必须用细腻的情感对待学生，用富于感染力的个性启迪学生。教师没有高尚的情感和正确的价值观，就不可能引领学生个性的健康发展。

最后，知识传递过程必然伴随着情感和价值，这是教学的基本规律。在知识的传授过程中，学生所感受和接收到的，并不只是知识，还包括知识本身所具有的价值指向；影响学生学习过程的因素，并不只是知识，还包括教师本人的个性和态度。教学过程并不意味着机械地把知识从自己的头脑移到我们所教的人的头脑中去，在帮助别人认识周围世界时，我们自己也作为周围世界的极重要部分而出现在别人的智慧和心灵面前。别人认识世界时，不可能不认识我们。我们教给别人的知识，不是什么与人的个性分得开的东西，而是同人的感觉和体验的世界融合在一起的。其中，最为重要的是教师对于学科知识的态度。热爱自己学科的教师，他的学生也充满热爱知识、科学、书籍的情感。教师的话语中不仅包含学科的意义和内容，而且包含思想的情感色彩；只有热爱科学的人出现在学生面前，才能唤起学生的情绪、情感。

二、多要素辩证联系的有规律的过程

教学过程不是封闭的，而是开放的；不是静止的，而是动态的；其多种要素之间不是彼此孤立的，而是相互联系的。正是在这种开放和运动的过程中，教学系统内外各要素有机地联系在一起。这个多要素相互联系的过程是有规律的过程，包括前提性和基础性的规律，如人的思想和心理发展的规律、人的认知活动的规律等，也包括教学活动规律，如教学步骤的规律、师生相互影响的规律、教学节奏的规律等。教学艺术的本质就在于充分地遵循教学规律。

（一）教学的前提性和基础性规律

第一，人的思想和心理发展的规律、人的认知活动的规律等，是教学的先在前提，是教学必须遵循的前提性和基础性规律。下面结合赫尔巴特和杜威的教学过程进行分析。赫尔巴特的教学"四个步骤"思想建立在统觉心理学理论的基础之上，体现了获得和理解知识的过程中人的心理操作的规律；而杜威的"五步教学法"则建立在思维心理学理论的基础之上，体现了探索和发现知识的过程中人的心理操作的规律。这两者不是对立的，而是相互补充的。

赫尔巴特教学"四个步骤"的思想集中体现了在获得和理解知识的过程中人的心理操作规律。在《普通教育学》中，赫尔巴特将教学划分为单纯提示的教学（又译为叙述教学）、分析教学和综合教学。单纯提示的教学是教师用生动的叙述来补充学生直接经验的一种教学方法。分析教学是从学生的经验出发，首先"分析在儿童头脑中堆积起来的并通过单纯提示教学积累起来的材料，使儿童的注意力逐渐专注到较细小和极细小的问题上去，以便使儿童的一切观念达到明确与纯洁的程度"，然后，将学生的杂乱的经验上升为一般的因素，"分析教学通过分解其所遇到的特殊现象，上升到一般的领域，……上升到一般"，以有利于学生形成联想和判断。综合教学是将学生的部分认识概括成整体和系统，即"建立整个思想体系""构成各种部分知识的联合"，并逐步形成"逻辑联结性的综合"和"真正的思辨的综合"。所有的教学都必须以学生的专注和审思为基础，学生通过专注达到"明了"与"联想"，通过审思达到"系统"与"方法"。明了、联想、系统、方法等阶段和步骤的目的，是促进学生理解。教学越是要使每一组合更加清楚，我们越需勤奋和多样地使各组合联合起来，并且注意等量地从各方面向这无所不包的审思活动接近。教学的环节就是基于上述这一点。较大的构成部分是由较小的部分组成的，正如较小的是由最小的组成的一样。在每一个最小的构成部分中都应当区分出四个教学阶段。

杜威的"五步教学法"的思想则体现了人的探究性思维运动的规律。杜威认为，"知识产生于探究"，探究就是人对问题情境的反应。探究的一般模式包括五个步骤：①困惑、混乱与怀疑，产生于这一事实，即人们处于一种其全部特征尚未确定的不完整的境遇中；②推测性的预期——对给定的元素做试探性的解释，以影响某些结果；③对手头的所有可定义与说明的问题的理由进行仔细的调查；④对试验性的假说进行详细阐述，以使其更加精确、更加连贯，从而与更大范围内的事实相一致；⑤将所提出的假说视为一种可以应用于现存事态的行为方案，公开采取某种行动以实现预期的结果，并因此而检验上面的假说。可见，在杜威看来，探究产生于问题情境，是对具有不确定性的情境提出假设并开展实验性操作的事件。

第二，列举赫尔巴特和杜威的教学过程思想，旨在阐明这样一个道理：不存在绝对正确和绝对合理的教学步骤、教学模式、教学经验和教学方法，教师借鉴和运用一种教学策略时，必须深刻理解它的前置性规律，并充分联系教学对象的特点、教学任务的要求等具体情况。赫尔巴特以讲授为核心的教学步骤思想符合知识获得和理解过程中人的心理操作规律，杜威以活动为核心的教学步骤思想符合知识探究和体验过程中人的心理操作规律。它们之间不是对立的关系，而是相互补充和相互转化的关系。表面上看，赫尔巴特教学"三中心"即"教师中心""教材中心""课堂中心"，与杜威教学"新三中心"即"学生中心""经验中心""活动中心"相互对立甚至水火不容，人们也通常将以赫尔巴特为代表的教育思想称为传统教育派，而将以杜威为代表的教育思想称为现代教育派，更有甚者望文生义，不去理解二者建立的哲学和心理学基础，简单地将传统教育派视为错误的、落后的，而将现代教育派视为正确的、先进的。其实，赫尔巴特的思想与填鸭式的机械灌输不是一回事，杜威的思想与"以学生为中心"也不是一回事。正如有的学者指出的那样："与其说杜威是一个儿童中心论者，不如说他是一个社会中心论者更为恰当。"可见，对教学过程的环节或步骤不应该机械地把握，而是应该理解"之所以是"的规律性前提。

第三，人的整个认知规律，包括理解与记忆关系的规律、兴趣产生和发展的规律、学习迁移的规律等，都是教学过程的前置性规律。教师应自觉学习和研究人的认知规律，并自觉地把教学建立在遵循规律的基础之上。例如，关于理解与记忆，理解是记忆的重要条件。理解和熟记结合得越好，知识就学得越自觉，学生也就越会把知识运用于实践中。如果学生的知识不是通过理解和分析事实与现象而记熟的，他就不会运用知识。这是教学过程的一个十分重要的规律。再如，关于学习兴趣与学习活动，兴趣产生于活动之中。兴趣来源于使人感兴趣的事物与活动，多方面的兴趣产生于这些事物与活动的集合之中。创造这种集合，并把它恰如其分地奉献给学生是教学的任务。这些都是教学过程的前置性规律。

（二）教学活动规律

有效教学过程不仅要遵循一系列前置性规律，还要遵循教学活动规律。教学活动规律是教学系统内外各因素之间内在的稳定的联系。这里试举几例。

例一，教学过程主客观因素的耦合规律。教学要使认知与非认知因素、情绪与环境因素等处于动态的最优化耦合状态。如苏霍姆林斯基所言："我们作用于学生精神世界的最重要的工具是教师的话语、周围世界的美和艺术的美，以及创造最能鲜明地表达情感的环境，也就是人际关系上的全部情绪领域。教师创造性的最重要特征之一，是他的工作对象儿童经常在变化，永远是新的，今天同昨天就不一样。"

例二，教学进程节奏的规律。教师要根据教学目标、教学任务、教学对象、教学情境等，合理地调节教学进程的节奏。必须懂得什么该讲，什么留着不讲完。不讲完的东西，就好比是学生思维的"引爆管"。这里没有任何万灵药方，一切都以具体教材的内容和学生已有的实际知识为转移。在某个班里应不讲完某项内容，在另一个班里则应不讲完另一项内容（尽管教材一样）。

例三，保持专注、审思与适度的智力紧张的规律。引发学生专注与审思是教育技巧的核心，是教育艺术的最珍贵的法宝。正如有的学者所言："教育将织出一根纤长、细弱、柔软的线……教学按照其时间节拍进行，通过扰乱学生自己的智力活动速度，不依随这种活动的跳跃，不给这种活动以休息的时间，从而使教师织出来的线在每时每刻系住这种智力活动。"因此，教学必须保持适当的学习挑战性。教学的特权就是掠过草地与沼泽，不能总是让人在舒适的山谷中游荡，相反将让人练习登山，并使人在广阔视野中得到锻炼。

例四，适度控制与自主学习辩证统一的规律。一方面，教师要积极干预学生，教师要适当地，并越来越根据学生微妙的、易激发的可接受性条件来进行这种干预。另一方面，教师要信任学生，激发学生自由自主地学习。

　　总之，教学过程是一个有规律的师生活动过程，有效教学则是严格地遵循教学规律的教学。认真地钻研和把握教学规律，是思想政治理论课教师教学能力提升的根本路径。

（三）教学规律与教学艺术

　　艺术性和规律性是密切联系的。人们常说，教学是一种艺术，而且是一切艺术中最难的艺术。教学的艺术性体现为教师娴熟的教学技巧，体现为教学活动给予学生强烈的震撼，所有这些其实都是建立在娴熟和自动化地遵循规律的基础之上的。没有对教学规律的把握，也就不可能有引人入胜的艺术性。教师娴熟地遵循教学规律并达到自动化和无意识的水平，对教学过程中诸如感性与理性、形式与内容、叙事与分析、过程与效果等关系可以合理驾驭，教学过程的智慧充分显现，教学过程也就会成为一种艺术的过程。离开教学规律，就不可能有真正意义上的教学艺术。

第五章　高校思政理论课教学方法

教学方法是一种艺术的方法。

——杜威

熟练掌握和有效运用教学方法，是思想政治理论课教师提高教学能力的主要途径，也是提高思想政治理论课教学水平的重要条件。本章主要考察高校思政理论课教学方法的含义与特性，介绍教学方法的理论基础，阐述高校思政理论课主要教学方法及其规范，最后简要讨论高校思政理论课教学方法改革创新的相关内容。

第一节　高校思政理论课教学方法的含义与特性

前述"方法泛滥、理论阙如"的种种现象，在很大程度上根源于对教学方法的含义与特性及其理论基础的误读。因此，熟练掌握和有效运用教学方法，首先必须理解教学方法的一般含义与基本特性。

一、教学方法的一般含义

（一）方法是"主观方面的手段"和"对象的内在原则"的统一

在日常用语中，"方法"一般指人们实现特定目标而采用的手段或途径，是主体接近或改变客体的工具或桥梁。在哲学层面，方法则有其客观的规定性。黑格尔指出："方法同样被列为工具，是站在主观方面的某个手段，主观方面通过它而与客体相关。"同时，方法是从"对象自身中取得规定的东西"，是"对象的内在原则和灵魂"。按照黑格尔的观点，手段或工具作为主体同客体相联系的桥梁，既有客观的方面，又有主观的方面。手段或工具的主观方面或者说"主观方面的手段"，才是"方法"的真正含义。例如，过河要使用桥，治病要利用药，庖丁解牛要使用刀，过河所用的桥、治病所用的药、庖丁解牛所用的刀等，都是达到目的所使用的工具和手段，但我们不能说这些东西是方法，它们不过是解决问题所采用的工具和手段的"物"的方面，它们与方法有关，却不是方法本身。只有这些工具或手段的"主观的方面"，如怎样运用桥、怎样利用药、怎样使用刀的主观策略，才是方法。另外，工具或手段的"主观的方面"，并非纯粹主观的，而是从"对象自身中取得规定的东西"，有其客观的规定性。

　　这样理解的"方法"，有以下四个要点：第一，方法不是工具或手段的物的方面，而是我们关于怎样利用或使用这些"物"的主观策略，或"主观方面的手段"。第二，方法是主观与客观的统一。方法既是一种"主观方面的手段"，又具有对象自身的规定性，包含着主体对于客体及其规律的认识，包含着主体对于自身活动的目的以及客体与主体价值关系的认识。第三，怎样利用或使用"物"的主观策略，既可能有效，也可能无效；既可能效率高，也可能效率低。某种策略有效或无效，效率高或效率低，并不取决于"物"本身，而是取决于这种策略是否符合活动对象的本性和活动目的的要求，取决于是否将这种策略转化为有效的行为。例如，同样是一把刀，在庖丁手中十分有效，在旁人手中则可能无效或低效，这是因为庖丁运用刀的策略符合活动对象的本性，使用刀的行为动作娴熟自如。第四，完成一项任务或达到一种目的，可供选择的工具或手段并非唯一，是具有多样性的。

　　尽管我们在日常生活中无须对这些概念做精细区分，但是黑格尔的观点对于我们理解思想政治理论课教学方法具有重要启示。

（二）教学方法是教与学的策略

　　什么是教学方法？简单地说，"教学方法是为完成教学任务而采用的方法，包括教师教的方法和学生学的方法，是教师引导学生探讨和掌握知识技能、获得身心发展而共同活动的方法"。杜威的描述是："教学方法就是考虑如何把这种先行的学科内容妥善地呈现给学生，使其给他们留下深刻的印象；或者考虑学生的心理如何从外部来影响学科内容，从而促使学生更好地获取和掌握学科内容。……实际上，许多人对各门学科的内容非常精通，却对这些方法一无所知。"

　　按照上述关于"方法"的四个要点，我们可以这样来理解教学方法：第一，教学方法是教师和学生为了完成教学任务而采用的教学策略。教学策略的实施要依凭物的手段或工具，如多媒体、书本、教学案例等，但教学方法不是这些物的手段本身，而是依凭这些手段为完成教学任务而采用的策略。这是教学方法的主观方面。第二，选用教学方法的基本依据主要有教学目标、学科内容、教学条件和学生心理等，教学方法是从这些方面逻辑地延伸出来的策略。这是教学方法的客观方面。第三，教学方法的有效性取决于它在多大程度上符合教学目标、学科内容和学生心理的目的性要求与规律性要求，以及教学条件的可能性和运用教学方法的娴熟程度。第四，教学方法不是唯一的或机械的，而是多样的、灵活的。教学目标、内容和对象不同，方法也应不同；同一种教学方法可以用来完成多种教学任务，同一个教学任务可以运用多种方法来完成。

（三）教学方法相关概念辨析

"教学方法"的相关概念比较多，如教学理念、教学模式、教学手段、教学策略、教学技巧等，厘清这些概念之间的异同，对于我们理解和规范地使用数学方法，具有重要意义。

教学方法与教学理念相关。教学理念即教学观，是人们对教学的看法和信念。教学理念基于教学理论，但不是教学理论本身，而是对数学理论的实践的一种演绎；教学理念也不是教学实践经验的直接凝结，而是承载着一种完美性的价值追求。康德曾说："一个理念无非是关于一种在经验中无法遇见的完美性的概念。"可见，教学理念就是一种以某种教学理论为指导，指向一定教学价值追求的关于教学的看法和信念。例如，卓越教育、主体性教育、发展性教育、教育性教学、整体性教学等，都是教育教学理念。教学方法中包含着教学理念的成分，教学理念制约和规范着教学方法，一定的教学理念关联着教学方法，教学方法则体现了教学理念。因此，要改进教学方法，就必须提升教学理念。

教学方法与教学模式是人们经常混用的一对概念。一般而言，教学模式是实现教学理论和教学理念的一种综合性的教学实践路径，包括课程方案的组织实施方式和课堂教学的组织实施方式，前者为课程教学模式或课程实施模式，后者为课堂教学模式。教学模式不是一种具体的方法，而是课程和课堂的组织与实施方式。例如，高校思想政治理论课教学中的理论教学＋实践教学课堂＋网络＋实践、中班教学＋小班研讨、慕课＋翻转课堂等，就是课程教学模式。在"马克思主义基本原理概论"课的教学中，可以采取全部由教师主讲的方式，也可采取教师专题讲与学生自学相结合的方式，还可以采取其他方式来实施，这也是课程教学模式。在课堂教学中，教师主导的教学方式、学生主导的教学方式、师生协作的教学方式等，是课堂教学模式。可见，教学模式与教学方法的所指并不相同。教学模式必须依赖一定的教学方法，教学模式中包含着教学方法。

教学方法与教学手段也高度关联。狭义的教学手段主要是指教学活动借以展开的物质条件，特别是教学的物质技术方面，如黑板、粉笔、多媒体、网络技术等；广义的教学手段是指进入教学过程之中，连接教师、学生和教学内容的一切环境和条件。

教学方法则是教师为了达到教学目的而整合教学目标、教学内容和教学手段的一种心智操作，即教学策略。教学策略就是"整合了若干教学原则和教学技巧以便来组织整个授课的方式，或者说在某些情况下，是组织和建构课堂学习的方式"。教学方法有时体现为教师的一种态度，有时体现为一种教学手段，有时则体现为一种教学模式，但在根本上是一种教学的心智操作，通过这种心智操作使教学目标、教学内容、教学对象、教学环境等有机地统一和结合起来。

教学方法有时被理解为一种教学技巧。一般来说，教学技巧有两个含义：一是教学方法的熟练化，即教学方法高度娴熟，以至于达到自动化的程度，成为一种技巧。在这个意义上，教学方法与教学技巧是相同的。二是根据教学情境而采取的一种特定教学行为，是教师在教学中所采取的某一具体行动，我们可以把它看成教学过程的一个单一成分。例如，变换语调和语速以引起学生的注意，精心设计教学提问以促进学生的思考等，它们作为教学技巧，其实质是根据教学情境而采取的特定教学行为。在这个意义上，教学技巧是教学方法的组成部分。

精细地区分以上概念，是一项有难度且有意义的任务。对这些概念进行扼要辨析的目的有两个：一是表明要更加注重概念使用的规范性和合理性，避免像"激情教学法""美育教学法""网络教学法"等滥用现象。二是明确教学方法不是一个简单的名词，而是特定教学情境下的一种教学策略或心智操作，是"怎样教"和"为什么这样教"两个方面的有机统一。

二、思想政治理论课教学方法的基本特性

教学方法作为一种主观的手段、一种教学策略或心智操作，它不是任意的，而是教学活动本身逻辑地延伸出来的，具有一系列的制约因素。制约性是教学方法的基本特性。教师既要能动地选择和运用教学方法，又要充分认识教学方法的制约性。

（一）教学目标的规定性

教学方法首先取决于教学目标。"教学方法是一种艺术的方法，是受各种目的明智地指引的行动方法。"教学方法不是一种与教学目标无关或外在于教学目标的东西，恰恰相反，它只有在所教与所学的关联之中才能得到说明。正

如美国教育心理学家罗伯特·斯莱文所定义的那样："教师希望学生掌握的学习内容与学生实际的学习之间的联系称为教学或教学法。"在思想政治理论课教学过程中，教师对教学方法的选择和运用，始终要受教学目标的规定，以教学目标为指向。

（二）教学内容的规定性

教学方法不仅具有教学目标的规定性，而且具有教学内容的规定性。"方法从来都不是某种材料之外的东西。方法不过是对材料进行有效处理。""方法就是有指导地使学科内容朝着种种目标前进……方法就是为了达到某种目的而运用某种材料的有效方式。"材料的性质不同，人们在学习中对它的表征与操作方式就不同，相应的教学方式方法也就不同。思想政治理论课教学的内容主要是陈述性知识，也包括组织这些知识的程序性知识。其中，有的偏重于理论逻辑，有的偏重于历史逻辑，而有的则偏重于生活逻辑和实践逻辑。因此，只有符合材料本身的规定性，方法才能成为有效的方法。

（三）教学条件的制约性

方法的选择还受各种客观的教学条件的制约。这些条件主要包括教学场所的物理特性和心理与文化特性、教学设施状况、课堂规模以及其他客观条件。一定的方法需要相应的条件支持，离开了一定的条件支持，好的方法也会转化为不好的方法。因此，选择和运用一定的方法，首先必须创设必要的条件。

（四）学生特点的制约性

教学方法是教师和学生双边活动的纽带，任何方法的运用都离不开学生的参与，因此教学方法的选择和运用会受到学生思想和心理状态的制约。不同专业和年级的学生，他们的认知兴趣、认知方式以及非认知因素的状态不同，适用的教学方式方法也不完全相同。因此，教学方法的运用必须充分考虑不同专业和年级学生的特点。

（五）教师自身因素的制约性

教学方法除了受到教学目标、教学内容、教学条件、学生特点等因素的制约以外，还受教师自身因素的制约。不同的教师，他们的知识水平、个性特质、教学专长以及教育教学理论素养各不相同，这在很大程度上影响着教学方法的运用效果。例如，关于教学方法与教师学术水平的关系，顾钰民指出："教学方法的运用要以学术水平为基础，没有学术水平，教学方法的运用就没有根基，没有拓展的空间。"因此，教师对教学方法的选择和使用必须充分结合自身的特征，扬长避短。否则，不仅不可能做到自然而然得心应手，反而有可能使教学方法形式化。正如赫尔巴特所言："但愿把任何矫揉造作的方式排斥于教学之外！无论提问还是讲授，无论诙谐还是慷慨激昂，无论是语言精练还是抑扬顿挫，一旦看上去是被作为任意的配料在应用，而不是出于客观事物与情绪的需要，那么这一切将会使人厌恶。"

　　总之，教学方法受多种因素的制约，这使得任何教学方法都不是绝对的。教学有法，教无定法，贵在得法。好的教师的教学方法并不都一样，而是各有特点的。恰当地运用教学方式方法和教学手段，还取决于课程内容、课堂的规模和现代化教学条件，取决于学生的接受能力、学习习惯和思维定式。更重要的是，教师在学习和借鉴教学方法的同时，要善于将其转化为自己的教学技能，转化为自身独特的教学魅力，否则就会像赫尔巴特所说的那样："一个人不得不接受的别人的形式或者提供给他的外来形式越多，他就越来越变得不像他自己。我们并不隐晦，受教育越多，能想象的时间就越少；范例越多，自己的作品就越少。"其实，在思想政治理论课教学过程中，方法是重要的，但更加重要的是教师的教学信念，如帮助学生形成认知、理解、认同（政治认同、思想认同、情感认同）相统一的信念；帮助学生从掌握知识到形成方法再到提升境界的信念；力求使知识性、思想性和艺术性相统一，努力使学生受到理论熏陶和方法论启迪的信念。

第二节　教学方法的理论基础

　　教学方法或教学策略，作为从"对象自身中取得规定的东西"，有其深刻的理论基础。教师不仅要知道某种教学方法是什么，而且要理解它之所以如此的根据。关于人的认知因素和非认知因素发展规律的理论以及人的学习规律的理论，尤其是关于人的学习动机和学习机制的理论等，是教学方法最基本的理论。

　　要有效地教学，首先必须理解人是如何学习的。一般来说，学习是由经验或练习引起的个体在能力或倾向方面的持久变化及其获得这种变化的过程。那么，人是如何学习的？由于研究者所持的哲学理论和人性假设不同，人们对这个问题的认识和看法也各不相同。本节就心理学主要流派关于学习的本质及其机理的看法进行阐述，以便更加深入地理解教学方法。

一、行为主义学习理论及其教学方法论意义

（一）学习及其机制

在行为主义看来，当环境刺激使学生的反应发生相对持久和可观察的变化之时，学习就在这里，学习是一个刺激—反应的过程和结果。刺激是可察觉到的环境事件，反应则是学习者的外显行为。行为主义学习理论认为人之所以会产生学习反应，主要有两种机制。

学习的一种机制是经典条件作用，即由于条件刺激与无条件刺激反复同时呈现，条件刺激能够引起相应的条件反射。俄国心理学家巴甫洛夫在实验中将肉末（无条件刺激）和铃声（条件刺激）同时呈现，狗逐步学会了将它们联系起来，于是铃声也能引起狗的反应。这个原理可以解释学生诸多情绪反应和态度。例如，当学生在高中时有几次看政治理论方面的书籍受到老师称赞，感到很高兴，现在在大学里看到课表上的"思想政治理论课"名称时，他也会感到高兴。再如，某学生上学期学习一门思想政治理论课，成绩不理想，心情比较糟糕，这个学期听到另一门思想政治理论课的名称时，他就会感到紧张和不适。这种先于某种行为或情绪反应的刺激称为前因。前因作为一种条件刺激，能够引起一系列相关的反应。因此，创设积极有效的前因，是一门重要的教学艺术。

学习的另一种机制是操作条件作用，即学生的某个特定行为所引起的特定结果，会使该行为更可能发生或更不可能发生。例如，某学生学习很勤奋，得到教师的赞许，那么这个学生会更加勤奋；某学生每次课按时到课堂，教师表扬他，那么该学生今后会更多地表现出按时到课堂的行为。美国心理学家斯金纳和桑代克发现，行为根据紧随的结果而发生变化，愉快的结果加强行为，不愉快的结果减弱行为。换言之，愉快的结果提高了个体做出某种行为的频率，而不愉快的结果降低了该行为出现的频率。也就是说，行为之后产生的结果，会作为一种刺激对该行为产生影响，这就是操作条件作用。任何能提高行为频率的环境事件都是强化物。对于青年大学生而言，社会性强化物如教师的表扬与赞许、认可与期待、微笑与关注、积极的面部表情等，对其学习行为具有更加有力的强化作用。

（二）强化、惩罚与学习

根据行为反应之后出现的结果对该行为产生的影响，行为主义学习理论总结出了四种不同的结果：正强化、负强化、给予惩罚、移除惩罚。通俗地说，正强化是学习者的某一个行为发生之后产生了学习者认为有价值的或满意的结

果，它会使该行为更有可能再次发生。例如，学生按时交作业，受到了教师的表扬，"按时交作业"这个行为产生了"受表扬"这个满意的结果，则学生会更积极地按时交作业。因此，教师对该行为的表扬增加了该行为再次产生的频率，这就是正强化。负强化是学习者的某一个行为发生之后能够避免或逃避学习者觉得不愉快的事情，它也能使该行为更有可能再次发生。例如，学生发现，如果按时交作业，教师就不会责备，那么他就会更有可能按时交作业，这样可以避免被责备。教师没有责备学生，这对于学生按时交作业的行为而言就是一种负强化。给予惩罚是某一个行为发生之后产生了学习者认为不愉快或不喜欢的结果，它会使该行为再次发生的可能性减小。例如，学生没有交作业，受到教师批评，学生不交作业这种行为的频率会降低。在此，教师的批评就是一种给予惩罚。移除惩罚是某一个行为发生之后，学习者所看重的某种有价值的东西被剥夺，它也会使该行为再次发生的可能性变小。例如，学生没有交作业，教师不允许他用手机。教师剥夺了学生使用手机的权利，这就是一种移除惩罚。更通俗地讲，正强化是行为之后给予学生喜欢的东西；负强化是行为之后消除学生不喜欢的东西；给予惩罚是行为之后给予学生不喜欢的东西；移除惩罚是行为之后剥夺学生喜欢的东西。前两类结果能够增加行为再次发生的可能性，后两类结果能够减少行为再次发生的可能性。

（三）行为主义学习理论的教学方法论意义

第一，行为主义学习理论对于教学的意义，首先表现在它为程序教学法奠定了比较坚实的理论基础。程序教学法所遵循的小步子原则、及时强化原则等，都是以行为主义学习理论为基础的。

第二，行为主义学习理论对于教学的意义，还表现在它为行为塑造和课堂管理提供了一种具体策略。通过合理运用强化和惩罚，教师可以有效地在学生身上塑造出所希望的行为，消除所不希望的行为，从而增强行为塑造和课堂管理的有效性。运用强化和惩罚的基本要求包括：一是必须及时，以便在行为与结果之间建立有效的联系。二是必须具体，要让学生明确地知道为什么受到强化或惩罚，如不能简单地说"很好"，而是要具体地说"概括得很准确，很好"或"对问题的展开很充分，很好"，以便精确地塑造或消除学生的某种行为。三是强化或惩罚必须发自内心、自然而然，避免假意虚伪。四是要善于选择对于学生而言有效的强化物，适当辅以非言语的正强化物。五是公开表扬和私下表扬相结合，考虑和避免公开表扬可能会给学生带来的惩罚性影响。

第三，运用行为主义学习理论，关键是要认真理解强化与惩罚的内涵与运用原则。对学生来说，某种结果（学生的行为所引起的后果）是具有强化意义还是具有惩罚意义，并不是绝对的。通常，教师认为，对学生的某种行为给予表扬，这是一种强化，而批评是一种惩罚。但实际情况可能恰恰相反：表扬可能具有惩罚的作用，批评则可能具有强化的作用。例如，教师因为某位学生准确回答了问题而点名表扬他，本意是想实施正强化以激发他更加认真听讲。但学生或许将教师的点名表扬理解为一种惩罚，可能因为教师所提的问题在同学们看来是太简单的问题，而大学生通常很在意同学的看法，因而教师的点名表扬反而被理解为一种戏弄。这启示我们，教师必须审慎地采用强化或惩罚。

第四，在教学的一些领域（如课堂管理、程序教学等）运用强化理论是比较有效的，但也存在争议。对它的主要批评意见有：运用强化和惩罚来开展教学，是一种教师中心主义的方法，忽视了学生自主合作、探索和发现的学习机制；强化和惩罚是一种控制学生的技术，阻碍了学生的自我控制和自我教育；强化系统会削弱学生对学习的内在动机，而且强化系统是不可持续的，等等。应该说，这些批评意见是中肯的。因此，教师要深刻理解强化理论的适用限度和边界，避免运用失范和失当。

二、信息加工学习理论及其教学方法论意义

信息加工学习理论是认知学习理论众多分支中的重要一支。信息加工学习理论把学习理解为有意识的信息加工过程，理解为获取信息—加工信息—提取信息的过程。

（一）知识的类型及其表征方式

认知心理学家认为，人脑以不同的方式来表征不同的信息。信息在人脑中被表征的方式就是知识表征类型。认知心理学家所说的知识表征类型，是指人在自己的工作记忆和长时记忆中对信息的表示方式。知识按照表征方式，可以分为陈述性知识和程序性知识。陈述性知识是能够被人陈述和表述的事实、概念、命题等知识，其基本知识单元是知识组块，主要的表征方式有言语表征、心理表象表征等。程序性知识则是关于怎样做的知识，涉及心智技能和认知策略，其基本单元是"产生式"，即"如果—那么"的心智操作程序。陈述性知识可以被组织为图式，即一种具有内在联系的知识结构或知识网络；程序性知识可以被组织为复杂的产生式系统。思想政治理论课的知识大都是陈述性知识，如概念、命题、原理等，也包含复杂的程序性知识，如知识间的联系与区别、运用知识和原理分析问题等。

认知图式和产生式系统深刻地影响着学生的学习过程。第一，学生是否善于以时间序列（标志事件发生的次序）、表象（标志客体间的空间关系）以及命题（标志词语、观念及概念之间的有意义的联系）等方式，对知识组块进行心智操作，并形成认知图式，在根本上影响着学习的效果。第二，学生已经形成的知识结构，是他们学习新知识的背景和"构架"，也就是说，学生对新知识的理解是以他们原有的知识为基础的。心理学家巴特莱特在一项关于检验大学生记忆效果的实验里，首先让他们阅读一篇题为"鬼战"的文章，然后以逐渐增加时间间隔的方式加以回忆。实验表明，如果被试没有或缺乏相关的图式（知识背景和知识结构），那么，他们倾向于记住其中一部分而忘记另一部分，或添加一些文章中没有的信息。总之，被试往往根据某种熟悉的图式去理解故事情节，而且倾向于通过某种加工（遗漏或添加信息）而使阅读材料富有意义。这就要求教师要立足于学生的背景知识和已有的知识结构来开展教学。第三，学生的知识结构不仅影响新知识的学习，也是他们的个人习惯、价值观和信念结构的基础。

认知图式和产生式系统也深刻地影响着教师的教学效果。教师的有效教学需要专业知识和教学理论（陈述性知识），也需要如何组织知识和如何运用教学理论的知识（程序性知识）。不仅如此，教师还要指导学生有效地形成知识网络，有效地形成和运用学习策略，这些在一定意义上比传授知识本身更为重要。

（二）信息加工的基本过程

人的信息加工是从感觉到注意，再到知觉和记忆的复杂循环系统，具有复杂的信息编码、编辑和提取等加工机制。

人的信息加工过程从选择性知觉开始，这是信息加工过程的第一个阶段，这个阶段包括注意和知觉两个环节。人在每一个瞬间都会接触到大量的信息，但并非所有的信息都被人所注意和知觉。在实际的认知过程中，人首先对感官所感知到的信息进行识别，其中一部分信息被注意和知觉。哪些信息引起了人的注意，哪些信息没有引起人的注意，这取决于人们对这些信息的价值的识别，这就是选择性知觉。在注意的过程中，外界事件容易使人的注意自发转移，这称为朝向反射，引起人的注意自发转移的事件，称为朝向刺激。在教学过程中，教师首先要通过强调学习内容的价值、适度重复、变换语气语调和语言节奏等方式，努力使传授的信息被学生注意，并努力使学生保持注意。学生对所注意到的知识信息做出一种怎样的意义确认，取决于刺激情境以及学生的知识背景。

同一个知识信息，在不同的刺激情境中呈现，学生对它的意义的知觉是不同的。例如，数字13以"12、13、14"的序列呈现和以"A、B、C"的序列呈现，人们会对它产生不同的知觉。这表明，教师要仔细思考知识的呈现方式，以促进学生对知识意义的正确知觉。

人的信息加工过程的第二个阶段是工作记忆，它是类似于"思考"的过程。人知觉到新信息以后，利用从存储于长时记忆中的知识结构里提取出来的相应知识对它加以分析和表征，这样我们就学习了新知识。人的工作记忆有两个很重要的特征：一是工作记忆对信息的持续时间长短可变，只有那些被知觉为重要的信息才能维持激活状态，并被有效编码和表征；二是工作记忆的容量有限，一般是7±2个信息组块。这两个特征要求教师在教学中要做到以下几点：第一，对于核心知识，教师要有意识地给予强调，尤其是要强调知识的意义和价值，以便促进它在工作记忆中的激活与编码。第二，合理调节教学节奏和教学信息量，避免工作记忆超负载。第三，帮助学生将个别知识进行连接以形成知识组块，并学会有效的程序性知识表征方式。总之，教师只有对工作记忆的局限性具有敏感性，才能帮助学生优化自己的工作记忆能力从而增强学习的效果。

人的信息加工过程的第三个阶段是长时记忆。知识被编码或编辑后储存于长时记忆中，长时记忆是人的知识的储存地。信息加工理论揭示了优化长时记忆的三个重要策略。

第一，主动学习与精细加工。主动学习区别于被动学习。在主动学习中，学习者有意识地调整自身的注意、知觉和记忆活动，积极地对知识进行编码，探寻知识的意义，并对知识进行精细加工。所谓精细加工，是指对所学习的知识进行深度思维加工，包括补充、重组、回忆、概括、深思和推理以及明了材料的意义等。主动学习和精细加工是有效学习的重要机制。

第二，在有助于正迁移的情境中学习。学习的迁移是指一种学习对另一种学习的影响。例如，如果学习者所遇到的问题与原先学习时已经解决的问题类似，那么学习者更可能回忆起原先学习过的问题解决策略，并将其运用到新的问题情境中，这就是原先的学习对现在的学习产生了积极影响或正迁移。实际上，这是学习者在长时记忆中提取相关知识，用以解决新问题的过程。依据不同的标准，迁移可以划分为不同类型：根据迁移的性质，有正迁移、负迁移、零度或不确定迁移；根据迁移的方向，有顺向迁移和逆向迁移；根据迁移的内容，有一般迁移（即原理和态度的迁移）、特殊迁移（即具体知识和技能的迁移）。有效教学的一个重要条件是，构建有助于正迁移的学习情境。在有助于正迁移的情境中学习，不仅能够提高学习效率，而且有助于对学习内容的理解以及促进长时记忆的提取。

第三，构建元认知。元认知是对认知的认知，包括对自身学习的信息加工过程的了解，以及设定目标、自我调控、选择学习策略等心智操作。元认知更多地作为一种程序性知识储存于长时记忆之中，它是人的学习策略的策略，对于学习效果具有重要意义。

（三）信息加工学习理论的教学方法论意义

信息加工学习理论把学习过程理解为信息识别、信息编码、信息存储、信息提取等过程，其教学方法意义主要体现在以下几方面。

第一，信息加工学习理论对于教学的意义，表现在它揭示了知识的类型及其表征方式，启示教师必须高度重视知识表征的类型。从认知学习理论的观点来看，不同的知识，人们对其进行有效表征的方式是不同的。优秀的教师高度重视知识的表征类型，并由此选择和运用有效的教学方法。促使教师在教学过程中的某一环节上改变教学方法的理由有很多，包括激发学生的学习动机，注意到学生原有的知识背景等，但在当今的认知心理学家看来，其中最主要的理由是，关注所要传授的知识表征的类型。

第二，信息加工学习理论对于教学的意义，表现在它揭示了知识在头脑中编码和加工的基本阶段，启示教师必须有意识地激发并维持有意注意和选择性知觉。教师在教学中可通过变换刺激的方式（如强调、提示、停顿、变换节奏和语音语速等）来引起有意注意、消除朝向反射；教师在讲课的同时，要"察觉"学生的注意和知觉状态，并根据实际状态采取相应的调节策略，切不可不顾学生的反应，自说自话地讲下去。

第三，信息加工学习理论对于教学的意义，还表现在它揭示了人在学习中工作记忆的一系列规律，启示教师必须根据工作记忆的时效性和有限性原理，采用合理的教学节奏和教学信息量。教学节奏不能太快，也不能太慢，而要以学生有效知觉和编码为基本尺度；教学要有一定的信息量，但也不能产生记忆超载，尤其要避免碎片化的、杂乱无序的信息刺激。教师要善于引导学生建立知识之间的联系，以形成知识组块，从而增加教学的有效信息量。

第四，信息加工学习理论对于教学的意义，也表现在它提出了人在学习中优化长时记忆的一系列策略，这些策略对于教学具有重要启示。

首先，教师必须善于结合学生已有的知识背景组织教学，使新知识与学生已有的知识形成有效联系，从而促进其形成知识结构。教师应该把教学集中在对现实的具体的或想象的极端水平上，以便学生能把教师的态度和思想看成他们各自生活空间的一部分。这样的教学，不仅有助于引起学生的积极知觉，而且有助于扩展学生的心理空间。

其次，教师必须为学生的精细加工创设环境，增强认知编码的有效性，促进有意义学习。美国教育心理学家奥姆罗德认为，如果学生没有对知识展开精细加工，没有对学习的内容附加一定的意义，这样的学习如同机械复述一样，是无意义学习。意义学习则包含了对于新信息和存储在长时记忆中的信息之间关系的认识，体现为学习者把新信息与他们已有的知识相联系的认知过程。而形成有意义学习的主要形式就是"精细加工"，包括组织和视觉表象。组织是指以一个有逻辑的结构整理新知识，视觉表象是指形成对事物或概念的心理图像。基于此，奥姆罗德提出了有效教学的若干策略：吸引和保持学生的注意力；把新概念和学生已有的知识与经验联系起来；顺应学生背景知识的多样性；提供学生能够建构的经验基础；鼓励有效的长时记忆存储；呈现可以鼓励精细加工的问题和任务；展示新概念是如何相互联系的，积极地促进视觉表象；给学生时间去思考；提供大量机会去练习重要的知识；给予学生重建他们所学知识的建议；定期评估学生的学习和认识；确认和消除学生的误解；关注对意义学习而非机械学习的评估。这些策略涉及认知、记忆、提取等方面，对有效教学具有重要意义。

再次，教师必须帮助学生形成知识图式。在认知加工理论看来，促进图式形成的方式主要有：为学生的工作记忆提供支持；选择概念或范畴的适当样例；鼓励学生在形成范畴的图式时，自己找到或提出该范畴的正确样例，呈现图式的正反例证，选择匹配的反例。为了促进图式的形成，教师或教材应该让学生考察在无关特征方面广为不同的正例，以防止学生将某些无关的特征当作图式本身的组成部分；为了促进图式的改进，教师或教材应该让学生在考察正例之后，紧接着考察反例或匹配的反例，以便通过正反例证的比较，进一步深化对图式关键特征或关键属性的了解。

最后，教师要善于促进学习迁移以及帮助学生发展认知策略和元认知策略。教师要根据学习迁移的原理，提高知识呈现的情境与学生社会生活中的实际情境的相似度，从而促进正迁移。教师要预测他们在课堂上教授的知识可能会在哪些情况下使用，然后运用这一知识来设计学习活动，提供与预测将来会使用的相类似的情境。另外，教师还必须帮助学生发展认知策略和元认知策略。认知策略和元认知策略作为一种思维习惯，包括记忆策略、思维策略、批判性思维策略、精细加工策略等，它们对于认知过程具有重要的激发和调节作用。以记忆策略为例，教师应该帮助学生掌握以下重要的记忆策略：①以理解促进记忆，学习达到透彻领悟的材料，特别是达到概括性领悟或理解程度的材料，其会变成个人的个性结构的一个持久的部分。②以强烈的学习愿望和学习心向来促进记忆，学生认为是否有理由记住某个原理，以及自己认同什么观点，很大程度上会影响记忆的品质。③以积极的学习方式促进记忆，德国心理学家艾宾浩斯的遗忘曲线表明，及时复习、间隔复习对于促进记忆具有重要意义。除记忆策略外，教师在教学中还要有意识地帮助学生培养良好的思维策略、批判性思维策略和精细加工策略等。

三、建构主义学习理论及其教学方法论意义

建构主义认为，人的学习不是一个刺激—反应联结的形成或加强，也不是一个类似于计算机工作原理的隐喻，而是人在与环境的相互作用过程中主动的意义建构。

（一）学习在本质上是主动建构过程和建构结果

人通过学习获得知识、形成思想，但知识并不只是对经验进行简单的复制与拷贝，相反它是将环境中的信息转变为与原有图式相吻合的知识而得以建构起来的。当代的认知建构主义理论认为，学习过程是学习者原有的认知结构与从环境中接收的感觉信息相互作用、主动建构信息意义的过程。学习是学习者主动建构意义的过程，它一方面是对新信息的意义的建构，另一方面包含对原有经验的改造和重组。真正的学习不是被动地从环境中接受和记忆知识，而是学习者主动地建构知识。建构意味着学习者对信息的意义的理解，意味着主动地把新知识与原有知识联系起来，意味着对原有知识结构的动态重构。

因此，只有主动建构的知识，才能成为人的认知结构的有机部分。

心理学家皮亚杰和布鲁纳认为，人之所以能够主动建构，是因为人具有与生俱来的认知机能和自我调节能力。人的组织机能使我们自觉地将从环境中得到的信息组织成更有结构的精致图式；人的适应机能使我们不断地调整和修正自身的认知结构以保持对环境的适应性；人的动作的、形象的和符号的多样化的表征系统使我们能够对环境信息进行有效的加工和编码；人的自我调节的倾向和能力使我们具有认识和理解世界的内在动机以及实现对学习建构过程的自我调节。

因此，从某种意义上说，教学的核心在于，创设一种教育环境来激发和优化学生与生俱来的认知机能和自我调节能力。

（二）建构过程的一般机制

人的主动建构过程具有复杂的机制，主要有同化和顺应、学习迁移、知识整合、情境适应等。

1. 同化和顺应

同化和顺应是建构的基本机制。同化，是新知识与学生原有的知识结构和信念系统一致时，学生用自己已有的观念来理解新知识或新现象，把外部环境中的有关信息吸收并整合到已有的认知结构中的过程。同化有助于巩固和扩展学生原有的知识结构和信念系统。顺应，则是新知识与学生原有的知识结构和信念系统不一致时，学生对自己的知识结构和信念系统进行重组或改组的过程。同化是认知结构的量的扩充和巩固（图式扩充），而顺应是认知结构的质的改变（图式改变）。人就是通过同化与顺应这两种机制来建构认知结构，达到与周围环境的平衡的：当人能用现有图式去同化新信息时，他处于一种认知平衡的状态；当现有图式不能同化新信息时，人的认知平衡被破坏，修改或创造新图式（即顺应）的过程就是寻找新的平衡的过程。人的认知结构就是通过同化与顺应机制逐步建构起来的，并在"平衡—不平衡—新的平衡"的循环中不断得到丰富、提高和发展。

影响同化的重要因素是人的认知结构的特征。认知结构的特征是指学生学习新知识时，其已有认知结构中的相关观念在内容和组织方面的特征，包括可利用性、可辨别性和稳定性等。认知结构的可利用性，是指学生的认知结构中所具有的能够用来同化新知识的现有知识的水平。现有知识的概括性水平越高、包容范围越广，越有助于对新知识的同化。认知结构的可辨别性，是指学生已有知识的组织性及其对新旧知识间的异同的辨识水平。已有知识的组织层次越明晰、组织方式越严密，越有助于对新旧知识的辨识和成为同化新知识的支点。

认知结构的稳定性，则是指学生用来同化新知识的原有知识的牢固程度。原有的认知结构越牢固，越有助于新知识的学习。相较于同化而言，顺应往往是很困难的，因为它涉及改变和修正原有的观念系统。但顺应是学生知识结构的质的变化的重要机制。美国心理学家波斯纳在皮亚杰的同化理论和库恩的范式理论的基础上，提出了顺应机制的四个条件：①学习者知识结构中的原有观念不能解释新事情或不能解决新问题，学习者对原有的观念产生不满；②新观念是可理解的，学生明白新观念的含义，理解其意义，并发现了有效表征它的方式；③学习者认为新观念是合理的，是正确的和科学的，并能与学习者所认同的其他观念相一致；④新观念富有成效，不仅具有可理解性和合理性，而且能够解释和解决其他观念所不能解释和解决的现象与问题。

2. 学习迁移

学生在主动建构时的另一种重要建构机制是迁移，几乎各流派心理学都对学习迁移做了大量研究，提出了一些重要思想。代表性的观点有以下几种：美国心理学家桑代克的"相同要素说"和伍德沃斯的"共同成分说"认为，原先的学习情境与新的情境具有相同要素或共同成分，则原先的学习更可能在新的学习中产生迁移，或者说，当学习者面临的学习情境与原先的某个学习情境相同时，他更多地倾向于用原先学习的知识和学习策略来处理当前的学习情境。美国心理学家贾德的"概括说"认为，学习迁移的关键不在于学习情境相似，而在于学习者对已有知识经验有较好的概括，并通过概括获得了一般原理，概括性强的知识和原理更有可能迁移到新的学习之中。美国心理学家布鲁纳和认知教育心理学家奥苏贝尔的"认知结构迁移说"则认为，迁移的关键条件是，学生较好地掌握了学科的基本结构，领会了基本原理，以及原有知识结构具有较高的可利用性、可辨别性和稳定性与清晰性等特征。

3. 知识整合

人在和环境的相互作用中主动建构的第三个机制是知识整合。建构主义理论强调学生在学习中主动地对学科内和跨学科的知识予以整合，强调理解原理和概念的方法，强调对自身知识性质的反思，强调解决问题和批判性思维所涉及的知识类型。认知心理学家拜尔提出 10 种批判性思维技能，并将其作为知识整合的必要"构件"。这些批判性思维技能如下：①区分哪些是可证明的事实，哪些是价值主张；②区分相关信息与无关信息，区分各种主张及其原因；③确定某一论点的事实准确性；④确定某一信息来源的可靠性；⑤识别含糊不清的主张或观点；⑥识别未说出的假设；⑦察觉偏见；⑧识别逻辑上的谬误；⑨识别推理过程中逻辑上的不一致；⑩确定一种论点或主张的说服力。

4. 情境适应

人在和环境的相互作用中主动建构的第四个机制是情境适应。情境适应是知识的社会建构，即学生在社会情境中通过人际互动实现与群体的一致。学生在一定情境的人际互动中，相互交流、相互理解，获得成为某一群体一员所需要的知识、观念、价值观、信念以及相应的行为方式。这个过程也是一种文化适应过程。促进情境适应或文化适应的主要教学方式有合作学习、小组讨论式学习等。

（三）建构主义学习理论的教学方法论意义

第一，建构主义学习理论对于教学的意义，表现在它揭示了人的学习的建构本质，启示教师要积极创设促进学生主动建构的课堂环境。环境指人生存于其中，人的行为与心理所涉及的、与之相互作用并对人的发展产生影响的外部世界。课堂环境是课堂物理因素、心理因素和文化因素的总和，是人的发展的现实根基与资源，也是促使学生主动建构的重要条件。美国教育家杜威指出："'环境和生活环境'这些词，不仅表示与个人生活相关的周围事物，而且表示这些事物与个人的主观趋向持续不断的特殊关联。……一个人的活动随着事物的变化而变化，那么这些事物就是他的真环境。"也就是说，学生的课堂环境是与他们持续相互作用、对他们产生影响的各种因素的总和。与客观的、既有的社会环境不同，课堂环境主要是教师的教学行为所创设并在教师的教学行为中显现的各种因素。课堂中教师与学生的关系、学生与学生的关系、教师对知识的态度、学生对学习的态度等，都是学生最真实的课堂环境。不同的课堂环境对学生有完全不同的影响：环境包括促成或阻碍、刺激或抑制生物的特有活动的种种条件，在这个意义上，教学就是有意识地创设一种课堂环境，以促使学生主动建构；教育就是有意识地选择、设计、组织、控制传递人类经验的特殊环境，是一种有指导的旨在促进人的发展的特殊活动；意图明确的教育环境是经过专门选择的环境，这种环境使用的材料和方法，所带来的成长都会朝向令人惬意的方面。在建构主义看来，创设有助于学生主动学习和主动建构的课堂环境，是全部教学活动的根本，也是全部教学方法的根本。

第二，建构主义学习理论对于教学的意义，表现在它揭示了建构在本质上是学生的心智活动和情感活动过程，启示教师要深入地组织以促进学生建构为指向的课堂活动。课堂活动包括师生间的活动、学生间的活动、学生内部的心智活动和情感活动等，课堂活动的对象是知识体系和价值与信念体系。课堂活动的过程就是学生主动建构的过程。人的活动是社会及其全部价值存在与发展的本原，是人的生命以及人的个性发展与形成的源泉。教育学离开了活动问题就不可能完成任何一项教育、教学、发展的任务。俄罗斯教育家鲁宾斯坦指出："教育者或教师企图不通过儿童自己的活动去掌握知识、培养品德，却将知识、品德要求强加到儿童身上。任何这样的企图只会破坏儿童健康的智力发展和精神发展的基础，破坏培养儿童的个性品质的基础。"皮亚杰指出，在教育活动中，学生"具有自己的真实的活动，而且不真正利用这种活动并扩展它，教育就不能成功"。杜威也指出："所谓有效学习就是指，知识的获得是进行有目的的活动的结果，而不是应付学校功课的结果。"课堂活动之所以重要，是因为在活动中，通过感知、注意、理解、想象、思维、认同、反思等思维操作，学生才能主动地产生同化或顺应，从而建构自己的知识结构、价值信念和生活方式，形成自己的生活空间。值得指出的是，针对大学生的课堂活动必须符合大学生的特点。

第三，建构主义学习理论对于教学的意义，表现在它揭示了学习动机和心向是学生主动建构的重要前提，启示教师要增强学生的学习动机、激发学生的学习心向。教师应根据大学生注意和知觉的特点，着重通过以下方式来增强学生的学习动机和激发学生的学习心向：强调教学内容的重要价值并努力使学生理解其价值，以激发学生的学习积极性；使教学任务具有适度的挑战性，努力让学生体验到完成具有适度挑战性的学习任务时的成功感和自我效能感；使学生领悟和理解教师所提出的课程目标并把它转化为自己的目标。如果学生深刻地认识到学科内容在积累某种经验中所处的地位，他的学习目的就会达到。反之，如果学习内容没有被用来引发学习冲动和养成通过思考获得有意义的结果的习惯，那么这种学科内容就只是供人学习的东西而已，学生也只会认为它是必须学习的材料而已。布鲁纳十分强调学习的内在动机，并指出了激发内在动机的重要源泉：①从加快了的认识和理解中获得的满足；②发挥个人的全部心理能力的迫切要求；③正在发展的兴趣和专注；④从一个人和其他人的一致中获得的满足；⑤从一个人在认知或智力方面的优势中得到的愉快；⑥对个人能力和成就的感觉；⑦"相互联系"的发展，包括人类对其他人的反应，以及和他们为实现某个目标而共同操作的迫切需要。

第四，建构主义学习理论对于教学的意义，表现在它提出了一系列促进认知顺应的教学策略。除波斯纳提出的顺应机制的四个条件以外，美国学者纳斯鲍姆和诺维克提出了促进认知顺应的三步教学策略：①通过谈话、提问、布置作业等方式，揭示学生已有的前教学观念；②通过呈现新材料、讨论、对话等方式，引进与前教学观念相冲突的新观念，引发学生的认知冲突；③鼓励学生对新观念进行评论，促使学生对已有知识结构进行重组，产生认知顺应并形成对有关问题的新的观念图式。这些促进认知顺应的条件和教学策略，对于思想政治理论课教学具有特殊的重要性。

第五，建构主义学习理论对于教学的意义，表现在它提出了一系列促进有意义学习的教学策略，启示教师要努力避免机械学习，促进有意义学习。奥苏贝尔认为，机械学习指对人为的和字面的联系的获得过程，它往往表现在三种情境之中：①学习材料本身无逻辑意义；②学习者认知结构中缺乏同化新观念的相关知识；③学习者缺乏有意义学习的心向。有意义学习则是指符号表达的新观点与学习者认知结构中的有关观念建立实质性的和非人为性联系的过程。它往往表现在下述三种情形之中：①学习的材料是有逻辑意义的；②学习者认知结构中具有同化新观念的相应知识，这种有逻辑意义的学习材料可为学习者提供有潜在意义的材料；③学习者具有有意义学习的心向。教师要帮助学生避免机械学习、促进有意义学习，必须在教学中注重内容的逻辑性，善于结合学生的知识背景开展教学，同时激发学生的学习心向。综合奥苏贝尔和布鲁纳等心理学家的观点，促进有意义学习的教学策略主要有以下几个方面。

一是充分考虑学生认知结构变量，设计"先行组织者"。"先行组织者"，是指学生在学习新知识之前，教师根据学生已有认知结构变量的水平所选取和呈现给学生的一种引导性的学习材料。设计先行组织者的目的是帮助学生明晰新知识与学生认知结构中原有知识的联系，为新知识的学习构建起必要的桥梁。如果学生认知结构中缺乏可用来同化新知识的上位观念，则可设计一个或一组陈述性先行组织者，为学生的认知结构嵌入一个适当的上位观念，从而增强认知结构的可利用性，促进新知识的同化。如果学生认知结构的可辨识性和稳定性不高，则可设计一个或一组比较性先行组织者，增强学生对新旧知识的辨识能力，巩固原有知识，以促进新知识的学习。

二是增强学生对基本知识的理解。奥苏贝尔认为，学生的认知结构是由教材的知识结构转化而来的，学科知识在人的头脑中以"不断分化"和"综合贯通"的认知组织倾向和组织原则形成一个有层次的结构。其中，最具有概括性和包容性的知识和观念居于这个层次结构的顶点，概括性和包容性越小的、分化程度越高的知识点，越居于这个层次结构的底部。因此，对概括性、包容性和解释性较强的基本概念、基本原理、基本方法的领会，有助于使学生牢固掌握具体知识，有助于使学生形成良好的认知结构，有助于促进知识的正迁移。布鲁纳也强调，越是基本性和基础性的知识，越有助于学生形成认知结构。

三是改进教材的呈现方式。教材的呈现，在纵向上应遵循从一般到具体、由具体到一般，以及从整体到部分、由部分到整体的原则，在知识的讲解上要突出"分化—综合—再分化—再综合"的往复，以帮助学生理解并形成有效的认知策略；在横向上应遵循融会贯通的原则，加强学科内概念、原理以及各个部分知识之间的内在联系，加强学科间知识的联系。横向联系的意义在于，一方面，有助于使学生理解学科间、同一学科内部表面上不同的表述和术语之间的共同本质，另一方面，有助于使学生理解学科间、同一学科内部相似的表述和术语之间的显著性区别。

四是帮助学生理解学习材料的意义。其主要策略有加强类比教学、鼓励精细加工、强化元认知教学等。这些教学策略有助于学生将新知识与已有知识观念联系起来进行思考，从而发现知识之间的联系，理解知识的深刻含义，理解知识的变式，以及理解知识的意义。

四、人本主义学习理论及其教学方法论意义

以罗杰斯、马斯洛为代表的人本主义学习理论主张对传统教学进行改革，形成新型民主的教学氛围，建立一个以取代权威主义为目标的人道主义课堂。人本主义学习理论认为，人类学习不同于行为主义所描述的刺激—反应式的学习模式，也不是信息加工理论和认知心理学所描述的认知加工和认知结构建构过程。在人本主义学习理论看来，个人的知觉世界、情感和信念等是人的最根本的"内部行为"，是影响人的学习的最重要的因素，学习就是情感、价值观和态度的建构过程。因此，教学就是师生之间通过无拘无束的对话而达到相互理解与交融的过程，是以学生为中心来创设学习情境，从而激发并影响学生的"内部行为"的过程。在这个过程中，教师不是把知识赐给或喂给学生，而只是扮演"促进者"的角色。教师必须真诚地面对学生，认真倾听、关心和理解学生的思想和感受，与学生之间建立一种平等、真诚的关系。

（一）学习的动力与教学的任务

罗杰斯和马斯洛认为，人具有天生的学习愿望和潜能。人具有自我实现的需要或实现自我的潜能，这是一种积极向上的心理倾向，它们在合适的条件下就能够释放出来并成为学习的真正动力。人的高级心理需要，如尊重、认知和情感统一、自我实现等，是人作为人的内在需要，是人的各种行动包括学习活动的根本动力。

教学的任务不是教给学生具体的知识，也不是教学生如何学习知识，而是要为学生提供一个有助于激发其高级心理需要的学习环境。如果说行为主义强调通过刺激—反应模式来教给学生知识，认知主义重视通过对认知策略的学习来教会学生如何学习，那么人本主义则强调通过为学生创设学习环境，来培养"完人"。

罗杰斯认为，相较于教学方法、教学技巧、课程计划等因素，创设一种可以促进学生学习的环境更为重要，这种学习环境就是充满关爱、自由、尊重、真诚和理解等心理氛围的环境，是以学生为中心、学生自我建构个人生活的环境。

从根本上说，这种环境存在于民主、平等的师生关系之中。罗杰斯指出，在传统教育中，教师是知识的拥有者，而学生只是被动的接受者；教师可以通过讲演、考试甚至嘲讽等方式来支配学生的学习，而学生无所适从；教师是权力的拥有者，而学生只是服从者。他主张取消"教师"这个角色，代之以"学习的促进者"。教师应该丢掉教师或专家的面具，要作为一个真实的"人"和学生交流。只有这样，才能培养健全的人和"完人"。"完人"是各个部分特别是认知与情感两大方面完美统一的人。

（二）倡导"有意义学习"和激发人的内在动机

人本主义教学所主张的"有意义学习"不同于奥苏贝尔所说的"有意义学习"。前者指知识学习与个人全部生活经验的融合，是认知与情感、态度、价值观和个性的统一，这种统一性的学习不是分裂的而是整合的，是人的整个"自我"概念体系的完善与一致化。而奥苏贝尔的有意义学习则主要指新知识同已有知识结构的关系，它只涉及理智和认知，而忽视了理智和认知之外更为广阔的个性和人格领域，因此，罗杰斯认为它只是一种"在颈部以上发生的学习"。在罗杰斯主张的"有意义学习"里，学习应该充满热情、信念、活力和尊严，教师注重挖掘学生的创造潜能，给予学生无条件的尊重和自尊。具体而言，它具有以下四个基本特征：①全神贯注，整个人的认知和情感均投入学习活动之中；②自动自发，学习者由于内在的愿望主动地探索、发现和了解事件的意义；③全面发展，学习者的行为、态度、人格等获得全面发展；④自我评估，学习者自己评估自己的学习目标是否完成等。总之，有意义学习结合了逻辑和直觉、理智和情感、概念和经验、观念和意义，这是成为完整的人的重要条件。

（三）人本主义学习理论的教学方法论意义

人本主义学习理论强调激发人的内在动机。人本主义鲜明地反对行为主义学习理论把人的学习活动理解为外部刺激的结果，强调人的理性力量和内在动机对于学习的重要意义。在罗杰斯看来，人有一个重要的动机，即实现趋向，它是人类包括一切有机体所具有的自我完善、发展和增强自身能力的一种需要，是存在于每个人生命中的驱动力量，它使个体变得更独特、更有社会责任感。马斯洛认为，人都有基本需要，但影响个人精神世界发展的最重要的力量是人的高层次需要，或者说是成长需要、成长动机。

因此，创造一种激发人的成长需要和成长动机的环境就显得尤为重要。

第一，人本主义学习理论对于教学的意义，体现在它强调一种基于人的高级心理需要的学习观，并提出了一系列教学策略。全面了解学生，相信学生能够充分发挥自己的潜能；尊重学生的个性，敏锐察觉学生的情感及其变化，重视学生的意愿、情感、价值观，建立良好的师生关系；把学生当作学习的主体，从学生的角度考虑学习活动的安排、学习结果的评定、学习问题的处理；给学生充分的自由，为学生创造自在的、令人愉悦的氛围，既要让学生自由成长，又要教育其遵守纪律、尊敬他人；善于引导学生阐明自己的价值观和态度，促进学生道德的发展；采用各种教学方法，因人施教；让学生在自律能力、自发性、创造性这三个方面同时得到发展；使学生获得成功的体验，以激励其继续努力；教师以身作则，成为学生真诚可信而又有感情的指导者。这些策略有助于激发学生的学习潜能，培养学生的健康人格，它们被当作教育的"金科玉律"。

第二，人本主义学习理论对于教学的意义，还体现在它提出了一种培养"完整的人"的全新的教学理念。这个理念的核心内容如下：一是把情感和人格因素纳入教学目标系统，在教学过程中把认知因素与情感、态度和价值观等非认知因素整合起来。二是重视学习者的内心世界，创设尊重和关爱学生的课堂氛围。其包括保护和提高学生的自我效能感以及整体的能力和自我价值感；让学生决定某些课堂内容，从而对课堂主题产生兴趣和热情；以非控制的方式评价学生的成绩，鼓励学生积极地进行自我评价；在保持学生自我决定感的前提下使用外部强化方式以及讨论、辩论、合作学习等方式帮助学生满足他们的关系需要，即感觉到社会关系以及获得尊重的基本需要。三是重视意义学习与过程学习。培养完整的人的教学理念，对于改进教学作风、培养健康人格等都具有重要启示。

五、道德形成与发展理论及其教学方法论意义

（一）道德结构理论

道德是一个有结构的整体，其基本要素包括以道德观念和道德评价为核心的道德认知，以道德态度和道德动机为核心的道德情感，以及以道德行为方式、行为习惯和道德意志为核心的道德行为。

（二）道德品质形成理论

关于道德品质或德行形成的理论主要有雷斯特的认知说、班杜拉的社会学习说、霍根的社会化说等。雷斯特认为，人的德行是通过道德情境认知、道德判断、道德抉择、道德行动四个过程而形成和显现的。班杜拉认为，人的德行是在社会生活中观察和模仿学习而生成的，包括对观察对象的注意、保持、复

现和行为获得等环节。霍根则认为，人的德行的形成与其社会化过程中的各种因素有关，例如，社会习俗、社会规则、社会评价等因素与人的德行的形成和发展具有某种相关性。

最有代表性的道德品质形成的理论是皮亚杰的"图式说"。皮亚杰认为，人的道德品质的形成不能简单理解为社会规范和道德观念从上一代人向下一代人的传递，相反，人是社会道德规范的加工者，人会以不同方式理解和解释这些规范。皮亚杰认为，和认知领域一样，在道德生活领域，人也通过同化和顺应等机制来理解和解释社会道德规范。"同化"就是当社会规范与人已有的道德认知图式一致时，人倾向于按照已经有的图式去理解和解释社会规范；而"顺应"则是当社会规范与人已有的道德认知图式不一致时，人倾向于改变自己的认知图式，形成新的图式。皮亚杰通过"道德两难问题"的实验，将道德判断的形成概括为以下两个阶段。①从他律到自律。随着年龄的增长，人的道德判断逐步由以成人的判断为标准发展到以自己的观点为标准。②从效果到动机。年龄小的儿童倾向于根据行为的直接后果来做道德判断，而年龄较大的儿童倾向于根据行为的主观动机做出是非判断。对于错误行为的惩罚，年龄大的儿童认为，应该更多地根据错误行为的性质、错误行为的动机加以考虑，而不是仅仅依据错误行为的后果。皮亚杰的道德认知发展理论说明，人的道德判断的形成和发展，是人在成熟以及与环境相互作用的过程中，经由道德认知图式的改变而完成的。

（三）道德发展理论

较早提出"道德发展"概念并为科尔伯格的道德发展阶段理论奠定基础的，是英裔美籍心理学家麦独孤。麦独孤在《社会心理学导论》中认为，人在出生后的早期，本来无所谓道德与不道德，一切都是受本能冲动制约的。随着年龄的增长、交往范围的扩大、人与环境的相互作用，人逐渐形成和发展了道德品质。这个过程包含四个阶段：①行为决定于本能冲动的阶段；②本能冲动受外界赏罚的影响而被纠正的阶段；③个人在对社会赞许与社会惩罚的预期下，逐步学会控制自我行为的阶段；④不管社会环境可能给予的奖赏或处罚如何，个人行为完全依据自我原则的阶段。麦独孤的道德发展理论把道德发展理解为成熟、环境、人与环境的相互作用和个人主观认知等因素综合作用的结果。此后，关于道德发展阶段学说中代表性的观点有科尔伯格的道德发展三个水平和六个阶段学说以及美国心理学家布劳通的德行发展六阶段学说（阶段1—阶段6：朴素的现实主义、朴素的主观主义、反省和批判意识、二元论或实证主义、一致和非一致性、统整性）等。其中，最具代表性的观点是科尔伯格的"三个水平和六个阶段"学说以及新科尔伯格主义的思想。

科尔伯格道德发展的三个水平和六个阶段如下：①前世俗水平。该水平的儿童对于是非的判断，取决于行为的后果或权威人士的意见，包括惩罚与服从的定向阶段和工具性的相对主义定向阶段。②世俗水平。判断是非更多注重家庭和社会的期望，包括好孩子定向阶段和维护权威与社会秩序的定向阶段。③后世俗水平。这个阶段的儿童发展了一套独立的、超越社会团体的道德标准，包括社会契约的定向阶段和普遍的道德原则定向阶段。科尔伯格的道德发展理论主要是吸收了皮亚杰的发生认识论和道德心理研究成果，在关于道德认知及其发展的理解上，强调认知作为一种心理形式的重要意义和道德发展的阶段性，强调逻辑或心理运算在道德发展中的重要作用。

20世纪七八十年代以后，科尔伯格的道德认知理论被人们从道德哲学、社会学、教育学等视角加以发展，形成新科尔伯格主义。新科尔伯格主义依然以认知这一心理形式为研究基点，高度重视个人对基本道德价值的自主建构，并且根据道德思维由世俗水平到后世俗水平的变更，来描述青少年和成人道德变化与发展的特征。新科尔伯格主义对道德认知所包含的具体内容进行了深入分析，认为它至少应由以下六个方面组成：①道德觉识，即对道德问题、道德情境的敏锐觉察和感知；②道德价值认知，即对公认的道德价值和道德观念的识记、理解与认同，以及对这些价值、观念在具体情境之中的意义的把握；③道德观点的认知，即认识和把握别人的道德观点，并设身处地地从别人的角度看问题；④道德推理，即对人们的言行是否符合道德意义的理由的明确认识；⑤道德决定，即面临道德情境时所做出的选择；⑥道德自知，即通过反省和批判，对自己的言行进行道德觉识以及对自己品格状况的认识。此外，新科尔伯格主义把"发展"理解为一种由简单到复杂的动态变化过程，并用道德"图式"即一般知识结构取代道德发展的"阶段"一词，用来描述道德判断发展的认知结构。在这个基础上，新科尔伯格主义把道德认知发展概括为三种基本图式，即个人利益图式、遵从规范图式、后世俗图式。三种"图式"学说实际上与科尔伯格的道德发展"三个水平和六个阶段"的理论具有内在关联。

总之，道德形成与发展理论认为，道德发展不是背诵和记忆道德条例或纪律规章的产物，而是在成熟以及人和环境相互作用的基础上个体的道德认知发展的结果；道德教育的目的是通过促进人的道德图式的发展来提高人的道德水平；在道德教育方法上主张诱发学生的认识冲突和积极思维，促进学生通过与社会道德环境和教育影响之间的交互作用，从事积极的道德思维和道德实践。

（四）道德形成与发展理论的教学方法论意义

道德形成与发展的一般理论，对学校道德教育具有重要的方法论意义。

第一，道德形成与发展理论对于道德教育的意义在于它揭示了人的道德形成和发展的基本规律，为坚定学校道德教育的信念奠定了坚实基础。道德形成与发展理论认为，人的道德发展如同智慧发展一样，是人与环境相互作用中人的道德图式不断结构化的过程和结果，人的道德发展总是以其已经具有的或正在形成的道德思维结构和道德图式为基础，这使得学校道德教育具有了现实的可能性。

第二，道德形成与发展理论对于道德教育的意义在于它指出要把道德认知图式的形成和发展作为道德教育的主要任务。在某种意义上，人的道德水平的发展，就是其道德认知图式的发展，从他律图式到自律图式，从效果图式到动机图式，从个人利益图式到社会规范图式，再到普遍道德原则图式，都意味着人的道德水平的发展。因此，学校道德教育要努力提高学生的道德认识水平，帮助学生形成更高水平的道德认知图式，提高学生道德判断和道德抉择的能力。

第三，道德形成与发展理论对于学校道德教育的意义在于它为学校道德教育提供了基本原则和方法。它所阐释的道德教育原则和方法主要包括：道德的形成和发展是有规律的，因此，道德教育应遵循学生道德发展和心理发展的规律；道德认知对于道德发展具有重要意义，因此，道德教育要努力促进学生的道德觉识、道德判断、道德推理和道德自知，帮助学生学会将获得的道德判断和道德推理运用于解决日常生活中的各种道德问题；道德发展是人与环境相互作用的结果，因此，道德教育要有意识地创设道德情境，鼓励学生与道德情境的相互作用，通过诱发道德图式冲突促进学生的道德图式顺应；道德发展主要是自主建构的过程，因此，教师要营造民主和谐的生活氛围，倾听学生的道德陈述，激励学生的道德参与和道德评价，促进学生积极的道德图式建构。

上述学习理论和道德形成与发展理论，从不同的角度揭示了学习的某种规律，它们是具体的教学方法的理论基础。应该看到，教学方法不是一种形式化的操作流程，也不是一种程序化的机械程式，而是集灵动与机智、理性与情感、真理与价值于一体的教学实践智慧。关于人的学习机制的理论，则是这种教学实践智慧的深层基础。或许正是在这个意义上，黑格尔把方法理解为"主观方面的手段"和"对象的内在原则"的统一。如果没有领悟到教学方法的哲学的、教育学的以及学习理论的基础，那么教学方法作为教学实践智慧的品格就无法显现，它就必然只是一种没有灵魂的形式化的机械程式，就必然产生赫尔巴特所说的教学方式"在任何地方都不受欢迎，但它在任何地方都存在"的尴尬结果。因此，思想政治理论课教师应该努力学习和掌握教育教学理论，研究和钻研学习理论，并用其滋养教学方法，从而展现教学方法的智慧品格。当然，在学习和借鉴教育教学理论和学习理论的过程中，也必须认识和理解它们的局限性。同时，在教学实践中，除批判地借鉴这些理论和思想观点外，还应该自觉以马克思主义哲学方法论为指导。马克思主义哲学方法论，如一切从实际出发，一切以时间、地点和条件为转移，矛盾观点和矛盾方法，从感性认识上升到理性认识，从认识到实践等，是滋养教学方法论的重要思想武器。

第三节　高校思政理论课主要教学方法及其规范

自高校思想政治理论课"05方案"实施以来，广大思想政治理论课教师努力探索教学方法，初步形成了高校思想政治理论课教学方法体系。这里从教学理念、教学模式和主要教学方法三个层面对思想政治理论课教学方法体系进行初步梳理。

一、教学理念层面

教学理念是教学理论向教学实践转化时所持有的观念，是教学实践特别是教学方法论的思想指导。在对教学方法的探索中，广大教师进一步提升教学理念，形成了教育性教学、主体性教学、发展性教学和整体性教学等高度认同的教学理念体系。

（一）教育性教学理念

教育性教学理念主要是指向教学目标的教学理念，它是德国教育家赫尔巴特明确提出并比较系统地加以阐释的一种教学理念。赫尔巴特不满于知识教学与道德教育相分离的现实，明确提出"教育性教学"的理念。在赫尔巴特看来，这个理念包括三层含义：首先，教育离不开教学。任何培养人的道德、价值观和信仰的教育，都必须依靠教学，教学是教育的必要前提和基础。其次，教学不能疏离教育。知识是人的德行的基础，但不是德行本身。传授知识不是教育的目的，培养有良好德行的人才是目的。如果说离开教学空谈教育，教育就会成为失去了手段的目的，那么离开了教育，教学则是失去了目的的手段。没有无教学的教育，也没有无教育的教学。最后，教学的终极意义是教育，教育的最高目的是道德。一切教育、教学，都应该指向人的精神世界，指向人的道德品质、价值观和信念。为了达到这个最终目的，教学必须为自己设立一个近期的、较为直接的目的，这就是"多方面的兴趣"。

教育性教学理念是思想政治理论课教学最基本的教学理念。其含义包含两个相辅相成的方面：一个方面是教学首先要传授系统的知识，理想和信念的培养不能离开马克思主义理论的滋养，高远的目的性追求不能离开知识教学，丝毫不能轻视基本知识和基本原理的教学；另一方面是思想政治理论课教学不是单纯的知识传授，不能为知识而知识，更不能陷入琐碎知识、碎片化知识和逸闻野趣而不自知。教学始终要指向教育，思想政治理论课教学要始终明确，知识教学的目标是提升学生的思想政治素养，帮助学生形成正确的世界观、人生观和价值观，培养学生对马克思主义和中国特色社会主义的积极情感，以及运用马克思主义立场、观点和方法来分析问题和解决问题的能力。离开了教育性教学，必然会背离思想政治理论课的根本属性。

（二）主体性教学理念

主体性教学理念主要是指向教学活动的承担者及其相互关系的一种教学理念。主体性教学理念源远流长，在古代中国和古代希腊，就有丰富的主体性教学思想。近代以来特别是20世纪以来，随着哲学和心理学以及学习理论的发展，尊重人的主体性、激发和弘扬人的主体性，日益成为教学的基本理念。主体性教学理念的核心如下：学生是教学活动的主体；学生的积极心向和主动建构是有效学习的先决条件；学生的主体性状况是教师主导性水平的衡量依据，也是影响甚至决定教学成效的关键因素。

主体性教学理念已经成为思想政治理论课教师普遍认同并践行的教学理念。在教学实践中，广大教师注重激发学生的学习兴趣和内在动力，充分尊重和关爱学生，努力创设和谐、民主的课堂环境，鼓励和组织学生参与各种教学活动，如讨论、辩论、演讲、自学、小组研讨、社会实践等，运用各种方法激发学生学习马克思主义理论的积极性和自主性，使学生的学习主体性达到了新的高度。

（三）发展性教学理念

发展性教学理念主要是指向教学过程及教学目标的一种教学理念。发展性教学理念的核心思想有：教学既要努力促进学生的知识结构和认识能力的发展，又要促进学生其他方面的发展；教学要激发学生学习的内在动力，努力使学生理解学习过程和意义，掌握学习方法和认知策略，提高自我学习的能力；教学要使所有学生都得到发展。发展性教学理念与教育性教学理念既有联系又有区别，教育性教学理念侧重知识教学与道德教育之间的关系，发展性教学理念则侧重学习过程与人的一般发展的关系。

发展性教学理念也已成为思想政治理论课教师普遍认同并践行的一种教学理念。在教学实践中，广大教师充分运用各种教学素材和教学方法，激发学生的学习动力，重视学生的学习过程，自觉把认知发展和情感发展、思想发展、道德发展、人格发展等统一起来，既注重马克思主义理论知识的教学，又注重培养学生分析问题和解决问题的能力，帮助学生解答成长过程中遇到的思想和心理困惑，同时注重提升学生的综合素养和人生境界。因此，思想政治理论课已成为滋养学生健康成长的精神食粮。

（四）整体性教学理念

整体性教学理念主要是指向教学内容的一种教学理念。整体性教学理念的核心思想有：人的心理结构特别是认知结构，是学科知识结构和课程结构在人的心理中的反映和凝结，唯有整体性的学科知识结构和课程结构才能形成学生整体性的心理结构和精神结构。教学要注重三个方面和两个维度的联系。三个方面的联系包括：学科知识内部各部分知识之间的内在联系，学科（课程）与学科（课程）之间的相互联系，学科知识与社会生活之间的联系。两个维度的联系包括：横向维度的联系即学科内部和学科之间各部分知识之间的联系，纵向维度的联系即知识在不同层次和水平上的联系，如概括性知识与具体知识、一般原理与个别观点、抽象概念与具体表述等之间的联系。

在教学实践中，广大教师逐渐认识到，必须将思想政治理论课各门课程联系和贯通起来，注重用整体性教学理念来指导教学。一方面，课程知识内部要联系和贯通起来。例如，要自觉将"马克思主义基本原理概论"中的马克思主义哲学、马克思主义政治经济学和科学社会主义三个部分有机贯通起来，讲出马克思主义理论的整体性；"毛泽东思想和中国特色社会主义理论体系概论"教学要自觉将马克思主义中国化的一系列理论成果贯通起来，并把它们和马克思主义基本原理贯通起来，讲出中国化的马克思主义一脉相承又创新发展的内在逻辑。另一方面，各门课程之间要联系和贯通起来。例如，讲马克思主义基本原理，要善于运用中国近现代史的历史素材和当代中国特色社会主义建设实践的鲜活案例；讲中国近现代史和中国特色社会主义理论，要善于运用马克思主义基本原理来加以分析和阐释，这样就形成了"理论—历史—现实""历史—现实—理论""现实—理论—历史"等不同路向的贯通，既有助于帮助学生理解知识，形成马克思主义理论整体性的知识结构，又有助于培养学生的马克思主义方法论素养，以及分析历史与现实问题的能力。此外，还要将理论与现实贯通起来，即将马克思主义理论与当代中国故事联系和贯通起来，将马克思主义理论与党的治国战略联系和贯通起来，帮助学生形成理论、历史与现实相统一的整体性视野。

二、教学模式层面

教学模式是践行教学理论和教学理念的一种综合性的教学路径，是课程计划的组织实施方式。在思想政治理论课教学中，广大教师积极探索，初步形成了比较成熟和有效的教学模式体系。由于教学模式体现了教学理论和理念向实践领域的分化，所以很难对它进行分类概括。这里从课程实施路径、教学过程中的主体间关系以及教学目标三个视域进行初步分析。

（一）课程实施路径视域下的教学模式

思想政治理论课课程方案的实施和操作方案，就是思想政治理论课的课程实施路径。从实施路径的视域来看，思想政治理论课主要有理论教学＋实践教学、课堂精讲＋网络延伸＋实践体悟、中班教学＋小班研讨、慕课＋翻转课堂等教学模式。

第一，"理论教学＋实践教学"的教学模式。这是多数高校和多数教师采用的一种教学模式。这种模式将课程教学划分为理论教学和实践教学两个模块。学校和学院统一安排两个模块的学时、学分，制订教学计划，设计实施方案。由于认知和条件的差异，在各高校思想政治理论课的教学过程中，理论教学和实践教学的具体组织方式各有特点，因而分化出众多各具特色的理论教学模式和实践教学模式。采用"理论教学＋实践教学"的教学模式，必须注意以下两个方面：其一，理论教学和实践教学作为思想政治理论课课程计划的两个模块，尽管它们的教学目标各有侧重，教学组织方式各有特点，但二者都是思想政治理论课的实施路径和手段，是具有共同目标指向的课程实施方式，不能把它们割裂开来。理论教学要有意识地面向实践，敢于运用基本理论来分析和阐释实践问题；实践教学要有意识地运用理论，并上升到理论的高度。理论教学要克服只讲理论和知识而忽视实践分析的倾向，实践教学则要克服流于形式、放任自流甚至娱乐化和庸俗化等倾向。其二，要全面理解"实践教学"的内涵和功能。学校教学意义上的"实践"不同于一般的实践概念，对学生的学习过程来说，"实践"具有丰富多彩的形式，既包括通常所说的实践形式如农业生产活动、工业生产活动、科学研究活动等，又包括社会实践活动如课题调研、参观考察、扶贫救助、见习观摩等，还包括课外延伸阅读、撰写评论、小组讨论以及课内演讲、辩论、合作教学等。总之，相较于理论教学而言，具有参与性、体验性、启发性和教育性等特质的教学活动，都是实践教学的题中之义。

第二，"课堂精讲＋网络延伸＋实践体悟"的教学模式。这也是很多高校采用的一种教学模式，这种教学模式基于网络技术，将课程内容中的一般性和具体性的知识以及延伸学习资源，以文字或视频的形式置于网络平台供学生自学，将课程内容中的重要理论和难点问题安排在课堂上以专题等形式集中精讲，同时运用实践教学来增强学生的体悟。由于各高校课堂精讲内容和组织形式各有不同，这种教学模式也分化出若干具体的操作模式。采用"课堂精讲＋网络延伸＋实践体悟"的教学模式，必须注意以下三个方面：其一，课堂精讲内容的科学设置。从理论上说，课堂精讲内容的选择主要有两种形式：一是以学科知识逻辑为线索安排精讲内容，即选择和组织课程中基础性、基本性和关键性的理论问题作为精讲内容；二是以现实问题为线索安排精讲内容，即精选社会生活中的重大问题和学生关注的重大问题作为精讲内容，打破课程界限，组合各门课程的原理、知识和事实，围绕问题精讲。通常所说的专题式教学、问题式教学等，可以用上述两种形式加以实施。其二，课堂精讲组织形式的合理化。课堂精讲有两种组织形式：一是以教师为轴，一名教师精讲全部专题或问题；二是以专题为轴，每名教师只讲一个或几个专题。这两种形式各有优势，亦各有局限。以教师为轴的形式，一名教师始终面对相同的学生，有助于师生之间的互动和课堂管理，但对教师的知识面有极高的要求；以专题为轴的形式，一个专题由最擅长的教师（包括校内学者与校外学者、专职教师与兼职教师）主讲，有利于建设专兼职结合的高素质教师队伍，也有助于拓展专题的讲解深度和宽度，增强教学的吸引力，但一名教师面对若干个专业和班级的学生，不利于结合学生背景有针对性地讲授，也不利于课堂管理。其三，网络教学资源的全面性和系统性，以及网络延伸学习考核的有效性。课堂精讲可以发展理论深度和思想高度，但在内容覆盖面上具有局限性，这就要求学生课外自学课程的一般知识和具体知识，以建构完整的知识结构。因此，必须为学生提供具有全面性和系统性的网络教学资源，设计出具有实效性和客观性的学生网络延伸学习过程和结果的考核评估办法。

第三，"中班教学＋小班研讨"的教学模式。这是教育部印发的《高等学校思想政治理论课建设标准》所倡导的一种教学模式。这种教学模式将课程教学方案划分为两个模块，即中班集中教学和小班分组研讨。中班集中教学主要完成课程基本知识和基本理论的教学任务，小班分组研讨主要完成深化理解和提升能力的任务。采用"中班教学＋小班研讨"的教学模式，应注意以下三个方面：其一，两个模块的合理比例以及集中教学的内容安排。将课程教学方案划分为中班集中教学和小班分组研讨两个模块，首先要考虑集中教学与分组研讨的学时比例问题；其次要考虑在集中教学的学时减少的情况下，教学内容的科学安排问题。其二，小班分组研讨主题的合理设置。研讨的主题既要与中班集中教学的内容相衔接，又要关注社会生活重大问题和学生关注的热点问题，切忌研讨主题的一般化和娱乐化。其三，小班分组研讨组织形式的科学化。小班分组研讨需要解决的问题是，如何将大班和中班有效组建为小班，如何统筹小班分组研讨所需要的场所，如何分配主讲教师和研讨指导教师的教学工作量等。"中班教学＋小班研讨"的教学模式的使用，需要高等学校党政部门的有效协同和统筹。

第四，"慕课＋翻转课堂"的教学模式。这是基于互联网技术和网络终端而产生的一种新的教学模式。慕课即大型开放式在线课程，具有教学资源信息化、数字化，以及课程受众广泛化和学习过程自主化等特点。翻转课堂，是对传统课堂内外结构的"翻转"，即课内变为课外、课外变为课内。在这种教学模式下，传统课堂教学模式中教师在课堂上讲授的内容主要由学生在课外利用网络资源自主学习，学生在课堂上更专注于基于课题的主动研讨和交流。这种教学模式是对传统教学模式中的师生关系、课堂任务、教学管理等的彻底颠覆。

"慕课＋翻转课堂"教学模式因其全新的理念和操作方式，正在思想政治理论课教学中得到研究和运用。采用这种教学模式需要深入研究和重视的问题有很多，其中最主要的问题有以下两个：其一，"人—机交互式"教学在多大程度上可以取代"师生面对面"教学。应该说，"人—机交互式"教学有其巨大的优势，特别是在知识和技能教学领域优势明显，但并非在所有的领域里这种教学模式都具有最优化的教学效果，尤其是在人的精神世界的培养和提升领域。苏霍姆林斯基说得好："正在形成的、个性的、最细腻的精神生活领域，即智慧、情感、意志、信念、自我意识，这些领域只能用同样的东西，即智慧、情感、意志、信念、自我意识去施加影响。""人—机"系统不能完全取代"师—生"系统。教师所呈现给学生的生活态度、社会理想、情感、价值追求、生活境界、人格魅力等，是机器系统无法给予的。无论慕课平台的教学资源多么权威，都不能代替面对面的倾听和交流。当然，也不能因此而忽视信息技术与思想政治理论课教学的深度融合。其二，与上述问题相联系，应如何把握翻转课堂的"翻转度"，翻转之后教师的责任和任务如何重新描述。诚然，教学要注重激发学生的主体性，要注重学生的参与、研究和自主学习，但学生的主体性的发挥不能离开教师的主导性的引领，舍弃教师的主导性，不可能有真正意义上的学生主体性。这是千百年教学实践证明了的一条基本规律。一个不容回避的事实是，在功利化和实用化等思潮的影响下，相对于数学、物理、英语以及工程技术等"硬科学"而言，思想政治理论课等"软科学"不太受学生重视。在这样的情势下，如果说慕课和翻转课堂对于"硬科学"的教学比较适用和有效，那么它对于思想政治理论课等具有鲜明意识形态性和价值导向性的"软科学"是否具有同样的适用性和有效性？慕课资源靠什么来吸引学生？如何保证思想政治理论课的理论品格？如何保证学生在课外的主动学习？如何拒绝娱乐化等思潮的影响？总之，要真正利用好"慕课＋翻转课堂"的教学模式，就必须深入研究一系列重要理论和现实问题，如网络课程资源的开发与共享问题、"微课程"间的逻辑性和知识的整体性问题、学生的自主学习动力与评价问题、网络教学资源与纸质教材资源的有机衔接问题、人—机交往界面与师—生交往界面的相互促进问题等。

（二）教学过程中的主体间关系视域下的教学模式

教学过程是教师和学生两个主体的交往互动过程。从教学过程中的主体间关系及其运动的角度来看，思想政治理论课教学有教师主导型教学、学生主导型教学和师生互动型教学三种模式。

第一，教师主导型教学，是以教师的教学行为为主而展开教学的一种教学模式。在这种教学模式中，教师的教学行为引领着课堂运行的环节及其节奏，从组织教学到讲授新知，从激发兴趣到课堂管理，从教学反思到考核评估等，都由教师的教学行为来主导。通常运用的讲授教学（含以知识逻辑为线索的讲授和以问题逻辑为线索的讲授）、案例教学、情境教学等，都属于教师主导型教学。需要注意以下三点：其一，教师主导型教学不等于以教师为中心的教学，更不等于填鸭式教学和满堂灌。教师主导型或学生主导型，只是强调教学过程中教师的教学行为和学生的学习行为哪一个方面更明显、更活跃，而以教师为中心或以学生为中心是一种教学价值指向，两者不是一回事。其二，教师主导型教学，并不忽视或否定学生的主体作用，恰恰相反，它更加要求通过教师主导的有效方式方法来激发学生的主体性，学生主体性发挥的状况是衡量教师主导型教学效果的重要标准。其三，学生主体作用有表层的表现形式，如积极踊跃回答问题、积极参与课堂活动等；也有深层的表现形式，如专注、积极的心智操作等。相对于表层的表现形式而言，深层的表现形式具有更加重要的意义。

因此，教师主导型教学应注重激发学生学习主体性的深层表现形式。

第二，学生主导型教学，是在教师的指导下以学生的学习行为为主而展开教学的一种教学模式。在这种教学模式中，教师指导学生开展课堂教学活动，课堂教学的运行及其节奏主要表现为学生学习活动的运行和节奏。通常运用的小组讨论教学、合作学习与同伴教学、发现学习，以及更为具体的课堂演讲和课堂辩论等，都属于学生主导型教学。需要注意以下两点：其一，学生主导型教学不等于以学生为中心的教学。其二，学生主导型教学，并不忽视或否定教师的主导作用，恰恰相反，它更加要求教师给予及时有效、针对性强的指导。教师指导的及时性、针对性和有效性，是学生主导型教学取得实效的关键。

第三，师生互动型教学，是以师生的共同活动为主而展开教学的一种教学模式。这种教学模式的特点是师生共同参与和交互活动，教师的教学行为和学生的学习行为相互影响、相互交替、相互渗透、相互转化，如对话教学、问答教学、个别辅导等，是这种教学模式的典型实例。需要注意以下两点：其一，师生互动型教学强调教学过程中教师和学生双方的智力、情感、态度和价值观的卷入，强调在相互碰撞、相互交锋中得到启发和感悟，而不是形式上的机械的"一问一答"。其二，师生互动型教学要求教师把握好认知和情感互动的演化方向，做好教学进程和教学节奏的合理引导，切忌盲目和随意地互动。

（三）教学目标视域下的教学模式

教学是具有强烈目标指向的师生双边活动。从教学目标设计的角度来看，思想政治理论课教学有"知识—方法—境界"三位一体和"知识—情感—信念"三位一体两种教学模式。

这两种教学模式作为教学实施路径和方式，具有以下特点：第一，强调教学目标的立体性和层次性，整个教学活动进程由基本层次目标、中间层次目标、高级层次目标所构成的有层级的目标体系作为引领。第二，强调教学从低一级层次目标向高一级层次目标的延展和提升。在教学过程中，对每一个具体知识和原理的教学都要明确三级目标层次，设计完成分层次目标的教学方案，力求使知识及其方法论意义和人生启示贯通起来。例如，从矛盾学说到矛盾学说的方法论意义再到其人生启示，或从人生智慧到它的学理基础再到具体知识，教学的认知目标、情感目标和态度与价值观目标得以有机统一，理论教学的实践意义以及实践智慧的理智基础就得以明晰地呈现，教学也就有了生命力。这种教学模式的必要性和合理性，可以从教学目标分类理论中得到较好的证明，是值得借鉴和推广的教学模式。

三、主要教学方法及其规范

如果说教学模式主要是高校和学院必须思考的问题，那么，教学理念和教学方法则主要是教师必须理解的问题。教学最终体现在教师的课堂教学行为上，体现在教师具体的教学方法上。因此，教师应掌握课堂教学主要的教学方法及其基本规范。

（一）讲授法及其策略与规范

讲授法是一种直接教学方法，是教师通过口头语言向学生系统传授知识，并促进学生情感和思想品德发展的教学方法。讲授法是教师直接将信息传递给学生，并有效地分配课堂时间，以尽可能高效地实现一系列明确界定的目标。直接教学尤其适用于教授那些学生必须掌握的、定义明确的知识或技能。讲授法是思想政治理论课教学中最主要的教学方法，几乎任何一种教学模式和教学方法都包含讲授法。由于讲授法具有特殊重要性，许多教学理论家都明确提出了运用讲授法的一系列教学策略和规范。我们还可以从前述各种教学理论中吸取讲授法的一般教学策略。

第一，讲授法的主要形式。讲授法有讲读、讲述、讲解、讲评等不同形式。讲读是讲和读的结合；讲述是介绍学习材料、叙述事物变化发展的过程等；讲解是对概念、原理、规律进行分析、解释或论证等；讲评主要是对理论和原理以及学生的学习过程和结果进行评价。讲读、讲述、讲解和讲评的区分是相对的，实际上它们之间也相互联系。

第二，讲授法的一般步骤。结合赫尔巴特的"四步教学法"、杜威的"五步教学法"以及相关教学过程理论，运用讲授法一般要遵循以下步骤：①组织教学，简明地阐述学习目标，集中学生的注意力，激发其学习心向；②扼要地回顾和复习先前学习的相关知识，激活学生的相关背景知识，逻辑地提出新的学习内容，可以运用前后知识衔接、创设疑难情境、运用案例典故等方式引入新课；③讲解新知识，根据学生学习的状态调整教学节奏；④围绕教学内容简要讨论并回答学生提问；⑤课时教学小结，提出需要思考的问题或将要学习的内容。

第三，讲授法的内容要求。讲授法最重要的要求是对讲授内容本身的要求。讲授内容的呈现要有条理性，切忌缺乏关联性和逻辑性、杂乱无章；要突出基本性和基础性，分清哪些是"主食"，哪些是"辅料"，要为"主食"服务，不能"辅料"太多而"主食"简单带过；要突出导向性，案例和例证要为讲授服务，切忌"跑偏"，案例要富于典型性、教育性和启发性；还要注重讲授内容的整体性，将知识从横向到纵向贯通起来，避免教授内容的孤立化和碎片化。

第四，讲授法的策略要求。有效运用讲授法，需要认真研究和思考如何讲授的问题。许多教师认为，自己讲了十几年甚至几十年，怎样讲已经不成问题了。其实，讲授法需要有效的策略，是否善于运用有效策略是影响讲授法效果的重要因素。例如，要根据教学内容的主次、难易、顺序和系统而选择精讲、细讲、先讲、后讲、串讲、略讲或不讲。重点内容精讲，难点内容细讲，破题内容先讲，结论内容后讲，系统内容串讲，次要内容略讲，易懂内容不讲。讲课时应留有余地，耐人寻味，要启发学生积极思考，使学生的思维随着教师的讲课而紧张活动。

第五，讲授法的言语行为和非言语行为艺术。口头语言行为是讲授法的核心要素。语言要清晰流畅、准确精练、条理清楚，讲授的音量和速度要适中，要根据学生的专注程度有意识地调节。此外，要辅之以眼神、手势、姿态和面部表情，提高语言的感染力。要注意自身可能存在的下意识动作，如摇头、摸耳、眼睛望向窗外或天花板、摆弄粉笔，以及口头禅和无意义重复等，并努力克服。讲授过程中，教师要关注学生的反应，避免语速过快（或过慢）、音量过大（或过小），以及平淡拖沓、心不在焉。在非言语行为方面，关键是使学生感受到教师对知识和真理的热爱、对教学的热爱以及对学生的热爱。这就要求教师在讲授时，心中有要有学生，要注重教学态度和教师仪表，饱含教学热情。

第六，讲授法的板书要求。板书是讲授法的重要辅助工具。板书的基本要求如下：板书要结合教学内容进行设计，通常有逻辑要点式、结构图形式和图表演示式三种形式；板书既要系统完整，又要简明扼要；板书要正确规范、书写美观。

（二）问答法及其策略与规范

问答法或谈话法是通过师生问答、对话等形式来展开学习和探究的一种教学方法，一般与讲授法同时运用，也可独立运用。问答法有助于通过师生互动来激发学生思维，培养其独立思考能力和言语交往能力，是思想政治理论课教学广泛运用的方法。

第一，明了问答法的目的。运用问答法，主要是为了深化学生对问题的思考和探究，同时也是为了评估学生对教学内容的掌握情况。一般不宜将问答法作为课堂管理的一种手段，例如，用比较偏僻深奥的问题来拷问没有专注听课的学生，或用问答法来检查学生课堂出勤情况等。问答法强调师生双方围绕一个问题层层深入地探究，其目标指向是学生对问题的理解而不是管理学生。同时，要让学生感受和体验到教师运用问答法的动机上的真诚性，否则，问答法就会失去其作为教学方法的意义。

第二，运用问答法的一般流程。一是设计问题，问题要明确、有挑战性。二是开展问答教学。教师要善问，要设计从一个问题过渡到另一个问题的策略，提问、设问、追问、反问等要注重激活和深化学生的思考；要注重启发诱导，揭示问题的关键和本质所在，提示分析问题的可能视角。三是问答总结。要概括问题的实质，梳理回答问题的视角，归纳和分析对问题的各种观点，启发学生进一步思考的方向。

第三，避免两种倾向。一种倾向是教师居高临下，对学生不愿意或不会回答的情况一味责备，不能容忍学生回答错误，不能容忍学生和教师有不同的意见等。另一种倾向是把问答法形式主义化，片面理解和追求课堂活跃度、学生参与度或"抬头率"等，用简单低级的问题，一问一答机械地进行，浮于表面的"表演"，没有学生的专注和审思，没有师生间的深度对话和交流。真正意义上的教学互动，学生专注并积极参与，不是表面的"表演"，而是理智和情感的卷入以及思索过程中的热情与陶醉。

（三）讨论教学法及其策略与规范

讨论教学法是高校思想政治理论课教学的常用方法，讨论教学是在教师的主导下，充分发挥学生的主体性，旨在深化学生对知识的理解，增强学生对问题的认识，加深学生对情境或理论意义的体验，拓宽学生的知识视野，提高学生分析问题和解决问题的能力而采用的一种教学方法。

第一，讨论教学法的主要形式。讨论教学法主要有主题讨论、案例讨论、课题研究讨论、读书会讨论、辩论讨论、嘉宾参与讨论等形式。主题讨论和案例讨论是教师组织学生围绕一个教学主题或案例，以分组形式或个别发言等形式，运用说理与论证、举例与归纳、比较与分析、概括与总结等思维操作，对教学主题或案例进行深度讲述的教学方法。课题研究讨论是教师组织学生开展课题研究（或一组学生共同完成一个课题，或多组学生分别完成一个课题，或一名学生独立完成一个课题），学生在课堂上交流和讨论课题研究过程、结论和感悟的教学方法。读书会讨论是教师组织学生开展课外阅读（或全体学生阅读指定的文献，或分组阅读不同的文献），学生在课堂上交流和讨论阅读感悟的教学方法。辩论讨论是教师组织学生以辩论的方式，对两个对立的观点或立场进行辩护或批驳，从而深化学生理解的教学方法。嘉宾参与讨论是教师组织学生模拟嘉宾或邀请嘉宾，围绕某个主题以嘉宾叙述或嘉宾与学生对话等方式开展教学的一种教学方法。在实际运用中，上述讨论形式往往是相互交叉的。

第二，讨论教学法的一般步骤。不同的讨论形式，有不同的操作步骤。概括起来，讨论教学法的一般步骤有：讨论主题的选择；讨论活动的准备，包括确定发言人选、学生准备发言内容、讨论条件准备等；讨论过程的展开与引导；讨论总结与讲评。

第三，讨论主题的选择与准备。讨论教学的关键之一是讨论主题的选择。讨论主题要根据教学目标和学生实际，有计划地精心设计，一般由课程教学组集体设计。讨论主题一般选择重大理论问题或重大现实问题，既不能过于宽泛，也不能过于具体；既要有思想性和教育性，又要有可讨论性；既不能过于专业化，又要有适度的学理性。讨论主题要具有较大的讨论空间，能够激发学生进行多维度的思维和探究。讨论前，教师要向学生讲明讨论主题和讨论要求，要指导学生围绕讨论主题确立思路、收集资料，要检查学生围绕主题准备相关资料的进展情况。

第四，讨论过程的引导和总结。讨论教学的另一个关键是过程引导。在讨论过程中，教师既要鼓励学生大胆发言，充分交流，又要引导学生聚焦主题，教师要鼓励学生广泛参与，可适当提示讨论角度，引导学生围绕主题进行深入的互动探究和意义构建，对于讨论过程中的非预期事件，教师要准确判断并有效引导。讨论临近结束，教师要进行讲评和总结，讲评应充分肯定学生，并提出进一步思考的建议。在总结时，教师尤其要处理好肯定学生主动思考的价值与有理由地质疑学生观点之间的关系。

第五，在讨论教学中，教师要明确定位。教师要处理好学生主体作用和教师主导作用的关系，处理好平等交流与思想引领的关系，处理好重点发言与普遍参与的关系。总之，要立足教学目标、课程内容和学生实际，精心组织，加强管理，使讨论教学法达到最优效果。

（四）学生主导型教学法及其策略与规范

随着主体性教学理念的普及，学生主导型教学法被不断运用于思想政治理论课教学之中。这些教学法主要有合作学习、自主学习以及同伴教学和发现学习等。

第一，学生主导型教学法的主要特点。其特点是强调学生学习的自主性、参与性和合作性。合作学习中的小组学习或课题研究学习，突出小组成员的互相合作；自主学习把课程计划中的部分内容交由学生独立完成；同伴教学重视互教互学；发现学习强调学生独立或合作的探究与发现过程。这些方法都强调学生的自主、参与及合作。发现学习的倡导者布鲁纳曾说："我们讲授某门课程不是为了生产记载该学科知识的活的文库，而是要让学生自己去思考……像历史学家那样去考虑问题，去参与获得知识的过程。理解是一个过程，而不是一个结果。"在这里，教师把学习的自主权交给学生，包括学习目标设定、学习内容选择、学习步骤安排甚至是学习效果评定等，都交由学生完成，学生真正成为学习的主体。

第二，学生主导型教学中教师的主要任务。在学生主导型教学中，教师的主要任务是为学生"搭脚手架"。"搭脚手架"，就是为学生的自主学习创造必要的环境和条件，如使学生保持完成任务的动力，帮助学生制订自主探究的计划，设计学生感兴趣且有挑战性和教育意义的讨论主题，营造有利于辩论和建设性评价的课堂氛围，通过提问促进学生有效思考，经常给予学生反馈建议，为学生提供帮助，尽可能使其高水平地完成任务以提高自我效能感等。此外，教师还要创设一种智力探究的愉悦环境，让学生体验到智力活动的乐趣。

第三，学生主导型教学中教师的作用。在学生主导型教学中，教师由讲授者和组织者转变为指导者和建议者，这只是任务和角色的转变，并不意味着对教师作用和地位的否定。事实上，在学生主导型教学中，教师"搭脚手架"的工作对于教学效果尤为重要。学生学习动力与信心的激发和保持，学生自我效能感的培养，以及有利于促进学生自主学习的环境和氛围的营造等，是学生主导型教学取得成效的关键因素。"脚手架"搭得好不好，指导和建议的质量及水平，不仅涉及理论知识的学习，而且涉及学生对理智本身和对生活的态度。

（五）程序教学法及其策略与规范

程序教学法是应用小步子渐进和及时强化原理，把复杂的问题通过一系列小的、易懂的问题一步步地呈现给学生。它是基于教学机器或程序教材，以小步子和及时强化为机制，以个人自学为主要形式的一种教学方法。20世纪30年代，美国教育心理学家普莱西最早设计出一种基于机器教学的自学方法。20世纪50年代，美国教育心理学家斯金纳根据操作行为主义的学习理论，提出个别教学的程序教学思想。到当代，传统的教学机器与现代互联网相结合，产生了慕课和翻转课堂等，其精神实质与程序教学法异曲同工。

第一，程序教学法的一般思想和操作步骤。程序教学法基于以下假设：整体的知识可以分解为小的部分，复杂的知识可以分解为简单的单元；把整体性和复杂性的知识分解为小的部分或单元来开展教学，更有利于学生的自主学习；

对学生每一小部分或单元的学习给予及时强化，能促进学生的学习。其操作步骤如下：把学习内容分解为若干部分，学生自定学习步调即个性化地确定完成教学步骤的速度；学习从小的部分和简单的单元开始，逐步拓展和深化，直至完成学习任务。

第二，程序教学法的几种程序。程序是指包括知识呈现、学生按步骤学习与效果检测操作、学习效果检测反馈等在内的一整套流程。程序教学法中的程序种类较多，主要有直线式程序和衍枝式程序。直线式程序最早由斯金纳创立，也叫线形程序。它把教材分解为一系列连续的部分或单元，每个部分或单元作为教学程序的一个小步子；学生每学习一步后，程序进行自动检测；如果学生答对了，则进入下一步，如果答错了，机器（或程序教材）呈现正确答案，学生学习正确答案后，再进入下一步，依此类推。衍枝式程序是美国教育家克劳德根据直线式程序修正而来的一种学习程序。学生自定学习步骤，每学习一步后进行检测，如果答对了，则进入下一步；如果答错了，则进入一个针对错误答案的衍枝式程序进行学习，衍枝式程序学习检测合格后返回主程序继续进行下一步学习。此外，还有美国心理学家凯在莫菲尔德大学任教时将直线式和衍枝式程序相结合而提出的一种程序教学模式，即莫菲尔德程序。

第三，程序教学法中教师的主要任务。运用程序教学法，教师的主要任务如下：一是根据教学目标和任务设计教学程序，编制具有逻辑性、有助于学生自学的程序教材；二是及时给予学生强化，将多种强化物和强化程式编入教学程序，使学生完成每一步的学习任务都能获得一种不确定的强化，以保持学生的学习动机水平。教师的任务是安排给学生不确定的强化，以增强学生的学习效果，并教会学生如何把学到的知识和实际生活联系起来。在传统的教学中，教师虽然有时也会意识到及时和恰当强化的价值，但是他们无法做到这点。而程序教学可以充分地、及时地强化学生每一次的反应。在程序教学中，教师要通过教学机器或程序教材，综合运用定时距强化、定比率强化、变时距强化和变比率强化等不同的强化程式，来提高学生学习的兴趣和学习效能感。

（六）范例教学法及其策略与规范

范例教学更多地属于一种教学理论流派或教学模式，之所以在这里对其加以阐释，是因为它对思想政治理论课教学具有重要的方法论启示。范例教学法是指教师在教学中选择最基础和最本质的知识作为"范例"，通过对"范例"的讲授达到举一反三的效果。其代表人物是德国教育家瓦·根舍因和克拉夫基等。"范例"源于拉丁语"exemplum"，即"好的例子""典型的例子""特别清楚的例子"。范例教学法强调，人既没有必要也没有可能毫无遗漏地掌握一个学科或一门课程的所有知识，教学不是要面面俱到地传授具体的知识，不是要让学生掌握大量细枝末节的材料，而是要传授知识体系的"范例"，即本质性、结构性和规律性的知识。范例教学可以有效解决海量知识信息与较少教学时数之间的矛盾，更重要的是有利于帮助学生通过掌握范例来理解知识体系，并学会学习。

第一，选择"范例"的原则。范例的选择要遵循基本性、基础性和范例性这三个原则。基本性原则是指教学内容要体现学科和课程的基本知识结构和规律，如基本概念、基本知识、基本原理、基本规律等。基础性原则是指教学内容是以学生的基本经验和发展水平为基础，与学生的生活经验有内在联系，能触动学生心灵和照亮学生精神世界的知识。范例性原则是指教学内容应成为沟通学科知识结构与学生思维结构的桥梁，是具有代表性、典型性和启发性的知识。

第二，范例教学法的基本步骤。德国教育家施滕策尔提出，范例教学有四个基本步骤：一是学习"个"，即通过典型的和具体的个别实例来阐明事物的特征；二是学习"类"，即由个案出发，探讨"类"现象，把握"类"特征；三是掌握规律和范畴，归纳"类"现象和"类"特征背后的规律性；四是获得关于世界和自身生活的经验，教学重点从客观知识传授转向理解自身精神世界，把科学知识转变为自己的经验。施滕策尔主张，范例教学过程的精髓是由个别上升到一般，把个别知识的学习与系统知识的学习联系起来；由客观转变为主观，把客观知识内化为学生精神世界的元素，实现教学与教育的统一。

第三，实施范例教学的关键着力点。克拉夫基认为，教师要对教学内容进行五个方面的分析，这是实施范例教学的关键着力点。这五个方面的分析如下：①基本原理分析，即分析本范例讲授涉及哪些具有普遍意义的知识，可以使学生掌握哪些基本原理和基本方法；②智力作用分析，即分析本范例教学所涉及的基本知识、基本原理和基本方法对于发展学生的认识能力有什么作用，通过分析来明确教学重点；③未来意义分析，即分析本范例讲授对学生今后的生活有什么作用，采取什么措施帮助学生认识这些范例知识对于他们未来生活的意义；④教学内容结构分析，即分析本范例在整个教学内容体系中的位置，以及范例的要素及其层次、教学难点和重点等；⑤内容特点分析，即分析本范例在形式、内容、性质等方面有哪些特点，运用哪些有效手段激发学生的兴趣，从而完成教学目标。

（七）实践教学

实践教学是相对于理论教学而言的课程方案的有机组成部分，是整个思想政治理论课教学中的一个教学模块。它不是一种教学模式，也不是一种教学方法，正如不存在"理论教学法"一样，也不存在所谓的"实践教学法"。之所以把这个问题放在这里阐述，主要是为了叙述的方便。这里就思想政治理论课实践教学的几个问题进行简要阐述。

第一，思想政治理论课实践教学中的"实践"不等于人类一般实践。在一般意义上，实践是人类能动地改造客观世界的社会性活动，是以改造客观世界为目的、主体和客体之间通过一定的中介发生相互作用的客观过程。人类实践的具体形式多种多样，从内容来看，实践可划分为三种基本类型，即物质生产实践、社会政治实践和科学文化实践。思想政治理论课实践教学中的"实践"则是相对于理论教学的"听"和"思"而言的，是侧重于学生参与、体验和感悟的教学形式，它不是直接地改造世界，而是认识和理解世界，其根本任务是通过具有参与性和体悟性的活动使学生更深刻地理解理论知识，并获得一定的体验和感悟，从而帮助学生更加深刻地理解历史、理解社会和理解人生。实践教学形式包含参与人类一般实践，但不等于人类一般实践。

第二，思想政治理论课实践教学中的"实践"也不等于大学生思想政治教育视野中的"社会实践"。陈占安明确区分了"大实践"和"小实践"，这是科学而富有远见的，他指出："现在各个高校都普遍重视思想政治理论课教学中的实践教学环节，这是很好的，但是有一个问题还是要进一步明确，就是应该区分大学生思想政治教育和大学生思想政治理论课，就实践环节来说，也需要区分大实践和小实践。加强和改进大学生思想政治教育是一个大的系统工程，为大学生开设的思想政治理论课在这个系统工程中发挥着重要作用，而我们一般讲的'社会实践'相对于思想政治理论课教学的实践教学，那是大实践。这种实践包括组织大学生参加军政训练、社会调查、生产劳动、志愿服务、公益活动、科技发明和勤工助学等很广泛的内容。这种实践引导学生走出校门，到基层去，到工农群众中去，其目的是促使大学生了解社会、了解国情，增长才干、奉献社会，锻炼毅力、培养品格，在社会实践中受教育、长才干、做贡献，增强社会责任感。这个'大实践'不能全部由思想政治理论课教学承担，思想政治理论课教学中的实践教学是'小实践'，它是同课堂讲授这种理论教学既相联系又相区别的教学环节，偏重于直观性、形象性、感性，便于学生参与的环节，它一般表现为观看教学录像（或电影）、组织课堂讨论、举办征文写作，以及在条件允许的情况下安排某些调查访问活动等。经验证明，做好这些活动，对于活跃教学气氛、调动学生积极性是大有好处的。"他进一步强调："从系统工程的角度来看，思想政治理论课教学中的小实践，是大学生思想政治教育'大实践'的一部分，而不是全部。思想政治理论课教学的目的是加深学生对马克思主义的了解和理解，重视实践环节不是为了使学生躲开理论的学习，相反，它是为了在理论与实践的结合中更好地提高学生理论思维的能力。那种要思想政治理论课把主要的时间和精力用于组织学生参加社会实践的想法和做法是不可取的。"陈占安对"大实践"和"小实践"的明确区分，有力解答了长期困扰教师的诸多困惑，为高校思想政治理论课实践教学的健康发展提供了学理支撑。

第三，思想政治理论课实践教学有多种组织方式，要根据教学目标、任务和学校条件，立足实践教学的目的，通过具有参与性和体悟性的活动来促进学生更深刻地理解马克思主义理论，加深学生对马克思主义理论和中国特色社会主义的认知与情感，科学安排实践教学；要按照因时因地、就近便利、参与面广、校本特色和符合大学生特点等原则，精心组织实践教学。高校思想政治理论课实践教学要以大学生读书报告会、专题研究报告会、理论征文、演讲辩论等符合大学生特点的课堂活动为主，有条件的学校可以结合校本资源和校本特色，开展其他形式的实践教学活动。

第四，实践教学要落实学校教学的规范性要求。实践教学是思想政治理论课课程方案的重要部分，具有一系列规范性要求，如学时学分要求、目标任务要求、组织实施要求、考核检查要求、成绩评估要求等。要和理论教学一样，强化教学实效，精心编制计划，高效组织实施，科学考核评估，真正发挥实践教学的作用。

通常所说的"专题式教学""问题式教学""案例教学""情境教学"等可以理解为范例教学的一种变式，在此不再赘述。

第四节　高校思政理论课教学方法改革创新

近年来，高校思想政治理论课教学方法改革研究受到前所未有的重视，大批国家级、省级和校级专项研究项目深入开展，取得了一系列研究成果。同时，广大教师积极开展课堂教学方法创新，形成了诸多具有推广价值的教学模式和教学方法。但应该看到，思想政治理论课教学效果与党中央的要求和学生的期待还存在较大的差距；学生的专注度和参与度还不高，教学方法改革创新还需要进一步推进。

一、高校思想政治理论课教学方法改革创新的着力点

思想政治理论课教学方法改革是一个系统工程。我们认为，必须重点做好以下三个方面。

（一）理论与实践相结合

理论与实践相结合，是思想政治理论课教学焕发活力的关键，也是教学方法改革创新的重要着力点。这不仅是因为马克思主义理论根植于生活实践，脱离了生活实践的单纯的理论教学难以展示它内在的魅力，还因为我们对现实生活的认知迫切需要理论的滋养，没有科学理论的滋养，我们难以产生对生活的热情。因此，理论讲授要联系现实生活，理解现实则要回望理论。把理论与实践结合起来，既是增强理论自身魅力的必由之路，也是点亮生活智慧的必由之路，还是思想政治理论课教学方法改革创新的重要着力点。

第一，理论教学要密切联系现实生活。理论教学要联系近代以来中国革命和社会主义建设的历史，要联系改革开放以来中国特色社会主义事业的伟大历程和光辉成就，要联系建设中国特色社会主义的历史性特征和宏伟蓝图，也要联系中华民族和人类文明发展史。马克思主义理论的魅力不仅体现为它本身的逻辑力量，更体现为它对实践生活的巨大指导作用，离开了历史和现实生活的生动素材，理论教学就难以具有亲和力。

第二，理论教学还要联系当代大学生的思想现实和理想抱负。学生不是单纯地接受知识的容器，他们具有丰富而复杂的思想和情感，他们渴望认识历史、认识社会、理解人生。学生头脑中已有的思想和情感既是他们认识和理解外部世界的支点，也是思想政治理论课教学的起点。只有密切联系学生实际，理论教学才能讲到学生心坎上，才能引起其强烈的共鸣和认同，理论知识才能真正内化为他们观察生活和理解人生的科学支点。

第三，理论教学联系现实生活和学生实际，并不意味着忽视理论在教学中的重要性。恰恰相反，联系实际是为了更好地展现理论本身的魅力，更好地彰显理论的力量，从而更好地使理论成为照亮大学生人生道路的灯塔。强调理论要联系实际，并把它作为教学方法改革创新的着力点，必须坚决反对那种简单地罗列事实或列举故事的做法。在教学中，援引现实案例、列举生活事实，目的不在于这些案例和事实本身，也不仅仅在于通过这些案例和事实使教学更加

生动有趣，主要在于帮助学生认识理论的逻辑及其内在力量，促进学生将理论内化为他们精神世界的元素和营养。

（二）传授知识与培养情怀相结合

传授知识与培养情怀相结合，是教学的教育性原则对一切课程教学的共同要求，更是对思想政治理论课教学的要求。自然科学的教学在传授科学知识的同时，还要培养学生认识自然的方法论和科学精神，使其理解自然本身的魅力；人文社会科学的教学在传授人文知识的同时，还要注重培养学生认识历史和人生的方法论以及人文精神，使其理解人类和人类历史的魅力。思想政治理论课教学更要将两者紧密结合。

第一，正确把握教学过程中掌握知识与提升素养的关系，树立传授知识与培养情怀相结合的教学理念。在传授知识的过程中，教师要引导学生积极思考，并由此培养学生的思想情怀。要努力使学生不把获得知识当成最终目的，而是当作一种手段，使知识不变成静止的、僵死的学问，而经常起作用于学生的脑力劳动、具体的集体生活和学生的相互联系，起作用于生动和连续不断的精神财富交换过程，没有这一过程，智力、道德、情感和美感的真正发展是不可实现的。在学生的脑力劳动中占首位的，不是熟背、死记别人的思想，而是学生自己进行思考，这种思考是一种生气勃勃的创造，借助语言认识周围世界的事物和现象，因而也是认识语言本身的细微差异。要认真研究如何充分发挥知识的方法论意义和作为人生智慧的生活价值，突出马克思主义理论的价值追求，以及凝结在理论和知识之中的中国共产党人的智慧和情怀，并围绕这种意义和价值、智慧和情怀来组织教学活动，以之为"红线"贯穿教学过程。

第二，加强对培养情怀的教学方法论和具体教学方法的探索和研究，推进将传授知识与培养素养相结合的教学理念转化为操作性的教学方法。要认识大学生思想素养形成的一般规律，探寻思想政治理论课教学培养人的思想素养的发力点，认真研究如何在各种教学模式尤其是"中班教学＋小班研讨"及"知识—方法—境界"和"知识—情感—信念"三位一体的教学模式中强化思想素养的培养，研究如何改革讲授法等教学方法的步骤和策略，更好地把传授知识与培养情怀统一起来。

第三，研究传授知识和培养情怀相结合的操作方案。例如，思想政治理论课教学从什么角度来培养学生的素养和情怀，它与学校思想政治工作的角度有何区别和联系？知识与情怀之间是什么关系，知识如何转变为情怀？大学生思想情怀有什么特点和规律？等等。这些是教学方法改革创新必须回答的问题。

（三）传统教学方法与现代教学方法相结合

科学合理地运用现代教学方法，充分发挥传统教学方法的优势，将两者有机结合，是思想政治理论课教学方法改革创新的又一个着力点。

第一，科学合理地运用现代教学方法，是信息化和网络化时代网络终端普及化背景的必然要求。网络世界具有信息海量、生动形象、即时快捷、交互便利等特点，它使课堂阵地和书本载体面临前所未有的挑战。科学合理地运用现代技术手段，推进信息技术与思想政治理论课教学的深度融合，建构大学生喜闻乐见的教学平台、教学模式和教学方法体系，是摆在广大思想政治理论课教师面前的紧迫任务。

第二，充分发挥传统教学方法的优势，也是教学方法改革的基本路向。现代教学方法，如慕课、翻转课堂、学生主导型教学等，充分运用网络技术，使知识信息载体多样化和知识传授形式生动化，具有其独特的优势。但任何一种方法都是有局限的，载体多样化和形式生动化也可能产生知识碎片化和表层化，以及学习过程娱乐化和形式化等弊端。有学者指出："有的教师熟悉多媒体技术，比较重视课件，但感觉有的课件稍微花哨了一点，有的内容又太多太乱，学生还没有来得及看清楚，课件很快就翻过去了。还有的教师完全依赖PPT，离开了课件就无法上课。有的学生反映，一堂课下来就光看老师的PPT了，不知道老师强调的重点是什么。为了提高抬头率，有些课件中的图片很吸引眼球，但与教学内容没有关系，分散了学生的注意力，这当然也是要避免的。形式服务于内容，在内容与形式之间找到平衡点，就会收到良好效果。"因此，教师在运用现代教学方法的同时，又必须自觉认识并有效地消除可能存在的弊端，并发挥传统教学方法的优势。对于传统教学方法，不是要抛弃，而是要变革。要充分吸收现代教学论和学习理论等专门知识的营养，使传统教学方法焕发更大的活力。

第三，要研究传统教学方法和现代教学方法相结合的操作方案。例如，人—机系统的优势与局限是什么？哪些知识适合放在网络，以什么顺序和结构放置？建构思想政治理论课慕课体系和"微课程"教学的程序教学教材，应该遵循哪些基本原则？哪些知识必须在课堂精讲？慕课和翻转课堂中教师应如何发挥主导性？等等。这些也是思想政治理论课教学方法改革创新需要回答的重要问题。

二、高校思想政治理论课教学方法改革应注意的几个问题

教师在抓好教学方法改革创新的着力点的同时，在思想上也要正确认识教学方法与教学理论、改进教学方法与全面提升教学能力之间的关系，讲求实效，反对形式主义。

（一）正确认识教学方法与教学理论的关系

第一，教师要自觉提升教学理论素养，使教学方法改革在教学理论的指导之下进行。教学方法是教学理论的实践表现，教学理论是教学方法的深层基础，没有教学理论的支撑，教学方法改革必然是盲目的。杜威指出："教学方法是一种艺术的方法。"这种艺术的方法从哪里来呢？"一般方法的原理可以指导个人方法的改进。"所谓一般方法的原理，就是指教育教学理论。赫尔巴特也曾指出："方式在任何地方都不受欢迎，但它在任何地方都存在。"方式之所以不受欢迎，是因为它容易陷入僵化和流于形式。因此，要深入认真地学习关于教育教学的基本理论，而不是简单地复制或拷贝他人的教学方案和模式；学习借鉴一种教学方案和模式，不仅要知道"是什么"，更要理解"为什么"。

第二，缺乏教学理论滋养的种种"方法改革"，往往会陷入机械主义或形式主义的误区。例如，当提倡重视学生主体性的时候，有的教师片面地把它和教师主导性对立起来，在实践中表现为否定讲授法的地位，片面地把讲授法等同于"满堂灌"。再如，在强调教学要激发学生的学习兴趣时，有的教师不去深入研究大学生学习兴趣的本质和特点及其形成和发展的规律，而是简单地认为激发兴趣就是要"搞笑"。有的教师为了吸引学生的关注，激发学生的学习兴趣，往往在课件中加入不必要的信息，包括与课程内容不相关的趣味性图片、漫画或动画(尤其在背景中常见)，在幻灯片放映时配上搞笑的声音或背景音乐。又如，当我们说要广泛运用多媒体等现代技术手段时，有的教师不是仔细钻研如何运用现代教学手段，而是形式化地把现代教学方法理解为大量运用图文并茂的课件或者生动有趣的音频和视频，似乎课件制作得越好，音频和视频资料运用得越多，教学方法就越现代化，课就上得越好。这些现象都说明，加强教育教学理论知识学习具有重要意义。

（二）正确认识改进教学方法与全面提升教学能力的关系

第一，全面教学能力的提升是切实改进教学方法的必要条件，要切实改进教学方法，就必须全面提升教学能力。在某种意义上，没有对思想政治理论课课程属性和教学属性的深刻理解，没有对思想政治理论课教学目标和教学过程

的科学认识，就不可能真正改进教学方法。杜威指出："如果教师运用这些方法而置自己的常识于不顾，对自己必须应对的情境也不了解，那么他这些方法比不用还要糟糕。但是，如果他把获得的这些方法作为思考的工具，这些方法在他获取独特经验的过程中抓住了各种需要，充分运用了各种资源，克服了面临的重重困难，那么这些方法就发挥了建设性的价值。"在杜威看来，孤立地讲方法，而不了解方法运用的情境和各种条件，这是再糟糕不过的事情了。这表明，没有全面教学能力的提升，再好的方法也不可能被科学合理地加以运用。换言之，全面教学能力的提升是切实改进和有效运用教学方法的必要条件。

第二，只有提高全面教学能力，才能懂得教学方法的真谛。季羡林先生在谈到他的老师朱光潜先生的教学特点时说："朱先生不是那种口若悬河的人，他的口才并不好，讲一口安徽味的蓝青官话，听起来并不美。看来他并不是一个演说家，讲课从来不看学生，两只眼向上翻，看的好像是天花板或者窗户的某一块地方，然而却没有废话，每一句话都清清楚楚。"可见，朱光潜先生并不善于演说，也没有花样翻新的"方法"，但他的教学给季羡林先生留下了深刻而难忘的印象。朱光潜先生讲课"没有废话，每一句话都清清楚楚"，这就是全面教学能力，这种能力对于教学来说是比孤立的方法更为核心和重要的因素。

（三）务求实效，反对形式主义

第一，教学方法改革创新，包括形式上的创新，是十分重要的。捷克民主主义教育家夸美纽斯在近四百年前就强调教学方法的极端重要性，他说："教得好就是使别人能学得快捷、愉快和彻底。快捷：不间断地努力学习，没有任何时间的浪费。愉快：在任何一门功课的全部教学过程中，学生不应对他已经完成的功课感到厌倦，而是对尚待完成的功课产生渴望。彻底：对于所学习的东西，学生应当学得完全、正确，能够毫无困难地学了就用。由此可知，凡是缓慢地、令人厌倦地、不完全地传授知识的人就是拙于教学的人。""快捷、愉快和彻底"既是对理想的教学状态的描述，也是对教学方法的期待，夸美纽斯撰写著名的《大教学论》的目的就是系统地建构和论证有效的教学方法。由此可见，推进教学方法改革创新是十分重要的。

第二，一切方法的创新，归根结底是为了取得实效，教学效果是衡量教学方法有效性的根本尺度。我们常说要学习和借鉴"好的教学方法"，其实，教学方法原则上没有好和坏之分，只有有效和无效、效果好和效果差等的区别。我们很难说是讲授法好还是讨论法好，关键是看哪种方法适合教学对象的特点，符合教学目标和教学任务的需要。考察教学方法是否有效，不仅要看形式，更要看实质，形式上的"热闹"并不一定有实效。例如，在有的课堂中，教师和学生一问一答，师生互动，但如果问和答的问题本身质量不高，或问答流程形式化、问答内容娱乐化，那么这样的课堂教学也难以引起学生心灵深处的波动。再如，就"慕课"这种教学形式而言，顾钰民教授指出："'慕课'这一教学形式在思政课领域时间不长的改革实践，给教学改革带来巨大影响的同时，也引起人们对思政课改革取向许多深层次问题的思考，需要追问'慕课教学形式是否符合思政课的性质和特点，是否遵循思政课自身的教学规律，是否有利于实现思政课教学改革的目标'。"他进一步指出，如果不考虑课程性质和特点，不顾思想政治理论课教学的规律和目标，一味地以为任何教学形式都适用于任何性质的课程，或者认为谁不开设"慕课"，谁就不具有现代观念，谁就跟不上时代潮流，这些观点没有从思想政治理论课的性质和特点出发，带有"跟风"嫌疑。因此，思想政治理论课教学方法改革创新的关键是取得实效，要坚决地反对形式主义。思想政治理论课教学的实效就是充分显现教学的科学美、哲理美、论证美、表达美、构思美、智慧美、德行美、质朴之美与创新之美等，实现思想政治理论课的整体性教学目标。

第六章　高校思政理论课课堂管理
与教学评价

> 今天的教师所面临的最大的挑战之一是如何平衡课堂教学与课堂管理。
>
> ——奥姆罗德

对于思想政治理论课而言，课堂管理与教学评价是两个尤其需要认真研究的课题。课堂管理和教学评价有广义和狭义之分。从管理和评价的主体与内容来看，广义的课堂管理和教学评价包括政府和学校实施的管理和评价，主要是宏观的教学管理与教学评价；狭义的课堂管理和教学评价则主要指以任课教师为主体的管理和评价，侧重于微观课堂管理。本章重点讨论教师课堂管理的含义与任务、课堂管理策略，以及教学评价的种类与教学评价改革等基本问题。

第一节　高校思政理论课课堂管理及其基本任务

课堂管理贯穿于思想政治理论课教学的全过程，是维持课堂教学秩序、实现教学目标、提高教学质量的重要保证。实施有效的课堂管理，首先要明确课堂管理的基本含义以及思想政治理论课课堂管理的目标和任务。

一、课堂管理的基本含义

课堂管理是学校教育管理和教学管理的有机组成部分。从狭义上看，课堂管理是任课教师对课堂教学过程运行状态的管理，管理的主体是教师，管理的对象是教学过程运行状态。从广义上看，课堂管理是学校、学院（教学组织单位）和任课教师对教学计划、教学运行状态、学风和教风的管理以及对课堂教学质量的监控与评价，是多元管理主体和多维管理对象的统一。这里主要讨论狭义的课堂管理。

美国教育心理学家斯莱文指出，教师"采用某些策略来创造积极的、成果丰富的课堂学习体验，这些提供有效学习环境的策略通常被称为课堂管理，它们不仅包括对不良行为的预防和应对，还包括有效利用课堂时间营造一种有益于激发学生兴趣和探究欲望的课堂气氛，以及引入让学生投入思维和想象的各种活动等更重要的方面"。可见，课堂管理主要包括两个方面的内容：课堂纪律管理和课堂环境管理。课堂纪律管理是指教师以一定的课堂行为规范和准则为依据，塑造学生良好的课堂行为的活动，包括对失范行为（缺勤、迟到、课堂分心等）的约束和对规范行为的激励。课堂环境管理是指教师对课堂物理环境和课堂心理环境的建构活动。课堂环境管理的核心是课堂关系的建构，包括建构积极的人与物的关系，以及和谐的师生关系和同伴关系。

课堂纪律管理和课堂环境管理具有内在的联系：课堂纪律管理缺位，课堂纪律松散，不可能形成良好的课堂心理—文化氛围；课堂环境管理缺位，师生关系或同伴关系不和谐，也不可能有良好的课堂纪律；课堂纪律管理在一定意义上就是课堂环境管理，反之亦然。当代课堂管理理论研究表明，离开课堂心理—文化建设而单纯地就纪律抓纪律，不可能达到课堂管理的目的。正如斯莱文所言："有效教学是最有效的课堂管理办法。"进行有吸引力的教学，保持教学的流畅性，减少维持课堂纪律和其他非教学活动的时间，确立简洁明晰的课堂规则，进行非言语和言语提示以及适当的负强化等，都是良好的课堂管理办法。

总之，课堂管理不是监督和控制，更不是惩戒与威胁，不是简单地使学生"听话"和"服从"，而是通过有效教学来建构一种和谐的课堂关系，即师生共同遵守课堂教学规则，师生相互聆听、交流或辩论，在认知和情感上共同专注于对科学知识和真理的学习与探究，课堂充满理智的思考、情感的熏陶、价值观和人生智慧的启迪。因此，我们把课堂管理理解为建构这样一种和谐的课堂关系或积极的课堂生活方式的活动。

二、高校思想政治理论课课堂管理的影响因素与主要问题

目前，各高校高度重视思想政治理论课课堂管理，把课堂管理作为影响思想政治理论课教学质量的重要因素，课堂管理水平显著提升。同时，也要看到，高校思想政治理论课课堂管理还存在诸多薄弱环节和问题，教师必须认真研究存在的问题及其原因，更新课堂管理理念，采取有效措施进一步提高课堂管理的质量和水平。

（一）高校思想政治理论课课堂管理的影响因素

管理活动本身是一个多因素、多方面、多环节的系统整体性活动，教师的课堂管理也受多种因素的影响。高校思想政治理论课课堂管理的主要影响因素有以下五方面。

1. 学校管理因素

教师的课堂管理是学校整个教育教学管理的有机组成部分，是以学校管理机制为背景的管理活动，因此，学校管理因素包括学校管理文化、管理制度、管理模式乃至学校的教风、学风和校风等，对课堂管理具有重要甚至决定性影响。不同的学校有不同的学校管理风格，如有教学纪律定向的管理，也有课堂关系建构定向的管理，有督查—惩戒型管理，也有规约—激励型管理。学校管理的不同风格和管理模式，深刻影响着教师的课堂管理。

2. 教师个人特质

教师是课堂管理的组织者和参与者，教师的个人特质，包括思想素养、专业素养、教学理论素养、人格特质、教学态度以及组织管理经验等，直接决定着课堂管理的方式和效果。例如，教师的教学理论素养决定着其对课堂管理的理解；教师的人格特质如个性倾向和个性特征决定着其对管理方式的取舍等。

3. 学生的认知与情感

课堂管理是教师和学生共同参与的活动，学生是课堂管理的重要参与者。学生对课堂教学的认知和感情状况，对课程知识及其价值的认识水平，学生上课的到课率、抬头率和专注度，以及学生的自我管理能力等，是影响课堂管理水平的重要因素。

4. 课堂规模与班级特征

课堂规模与班级特征是影响课堂管理的重要因素，课堂规模过大，班级人数过多，可能会导致课堂物理空间和心理空间发散，师生知识传递和情感交流的聚焦度变小，师生之间的情感纽带变得薄弱，管理难度呈倍数增长。在资源配置与管理效果的权衡时，中等规模的课堂是思想政治理论课教学的优先选择。就班级特征而言，课堂的构成方式、学生的专业背景和自律性等对课堂管理具有重要影响。

5. 社会宏观技术

人生活于特定的社会宏观技术—文化背景之中，人的兴趣爱好、思维方式、交往方式和行为方式等，都不可避免地打上了社会宏观技术—文化背景的烙印。

这种烙印对思想政治理论课课堂管理产生了重要影响。例如，当前信息化和网络化背景深刻地影响着大学生的交往方式和兴趣爱好，这既给思想政治理论课课堂管理带来了机遇，同时又提出了一系列挑战。

（二）高校思想政治理论课课堂管理存在的主要问题

1. 学生对课程教学的主动参与度有待提高

与专业课教学相比，学生对思想政治理论课教学的主动参与度还不高，上课过程中的"分心"行为，如看手机、写其他作业甚至睡觉等仍然存在。出现这种现象的原因是多方面的，例如，有学生对课程的认知和价值判断有误的原因，有教师教学水平和管理能力不足的原因，有课程标准和要求偏低的原因，有教学的亲和度与针对性不高的原因等。认真分析其原因，采取有效措施提高学生的主动参与度，是思想政治理论课课堂管理的重要课题。

2. 教学管理层次有待提高

目前，各高校高度重视教学管理，普遍成立了教学管理机构和管理队伍，加强了课堂管理制度和设施建设，并对思想政治理论课课堂教学进行重点管理，取得了显著效果。但从另一方面看，学校课堂教学管理更多聚焦于课堂纪律和教学规范的管理，如学生的到课率与抬头率，教师是否带齐教材、教案、学生名册、课件等教学资料，师生互动与课堂氛围情况等；教学评价指标的层次偏低，更多地指向教学的表层方面，如 PPT 是否精美，板书是否工整，普通话是否标准，师生互动是否活跃等。对这些方面的管理十分必要，而且要进一步加强。但问题在于，必须从纪律—规范型的管理模式提升到积极的课堂关系建构的管理模式，引导教师从纪律管理上升到有效教学的课堂建设，使师生共同专注对科学知识和真理的学习与探究，让课堂充满理智思考、情感熏陶、价值观和人生智慧启迪。这需要对教学评价体系和管理模式进行全面变革。

3. 课堂规模偏大和网络终端普及化的挑战

在教学资源有限的条件下，目前思想政治理论课课堂规模普遍在 100 人以上，规模大的课堂学生人数甚至超过 200 人，课堂物理空间和心理空间发散，师生之间思想和情感交流的难度增大，加上网络终端普及化对教师的课堂管理能力提出了更高的要求。如美国心理学家奥姆罗德所言："今天的教师所面临的最大的挑战之一是如何平衡课堂教学与课堂管理。"

4. 教师课堂管理的理论储备有待丰富

相较于专业素养，思想政治理论课教师的教育教学理论储备和课堂管理理论储备相对欠缺，课堂管理策略的意识还不够，课堂管理的有效办法不多。课堂提问和布置作业变成对学生进行管理的一种手段，更多地依赖功利化的强化方式如奖励等手段来进行课堂管理。总之，教师的课堂管理理论储备和管理层次水平需要进一步丰富和提高。

三、高校思想政治理论课课堂管理的目标和任务

高校思想政治理论课课堂管理的目标是通过有效教学，创造有利于学生积极主动学习的课堂物理—心理环境，营造富于理智思考、情感熏陶和智慧启迪的课堂氛围，为全面提高教学质量和水平奠定制度的、心理的和文化的基础。

课堂管理的主要任务有以下三个。

第一，建立和保持课堂教学的良性秩序。教学秩序与有效教学互为条件、相互促进：有效教学有助于形成良好的教学秩序，良好的教学秩序又是有效教学的基本保证。课堂管理首先要建立和保持良好的教学秩序。良好的教学秩序包括学生学习的积极专注和理智审思，教师积极的教学态度和情感投入，流畅的教学过程和适度的教学节奏与理智紧张等。

第二，建构积极的师生关系和同伴关系。课堂教学过程是师生之间知识学习、情感交流和思想共鸣的过程，融洽和谐的师生关系是有效教学的基本前提。积极的师生关系包括学生对教师理智权威的认可与尊重、对教师教学态度和情感的欣赏与认同、对教师所传递信息的渴望与满足，还包括教师对学生学习动机的激发，对学生学习过程的包容和引导，对学生学习效果的期待与满意等。

第三，创设积极的课堂氛围。杜威指出："学校的任务就是创造一种环境，使在这种环境里进行的游戏和工作能促进学生智力和道德的发展。"构建积极的课堂氛围是教师和学生两个主体以真理探究、情感交往和思想启迪为目标的一种课堂生活方式。这种生活方式不在于教师和学生的外显活动水平，而在于思想和精神的专注与审思。有效的课堂管理，即创造和保持有利于学生学习的课堂环境，与课堂噪声和活动水平没有关系。在管理良好的课堂中，学生能够持续地专注于学习活动，学生的行为不会干扰自己和他人教学目标的实现。

第二节　高校思政理论课课堂管理的主要策略

课堂管理策略总是与一定的理论取向相联系。不同理论视域下课堂管理的理念和策略具有不同特点。这里主要从心理学取向的角度，阐释不同理论取向下课堂管理的若干策略。

一、行为主义取向的课堂管理策略

行为主义心理学主张通过强化或惩罚来塑造所期望的行为，消退所不希望的行为。在行为主义取向的课堂管理中，教师要善于分辨学生的行为，并运用一定的强化物和强化程式来塑造或消退一定的行为，从而建构良好的课堂教学秩序。

第一，教师和学生一起制定具体、明确、合理、可行的课堂规则，并明确告知学生哪些是大力提倡和鼓励的积极行为，哪些是明确禁止和反对的消极行为，哪些是不提倡也不禁止的中性行为。课堂规则的制定应遵循少而具体、可观察、具有强制性和灵活性等原则。

第二，创设合适的前因，合理地运用相倚契约，以便引起教师所期望的行为。创设前因，例如，在座位上摆放印有学生名字的台卡，或在PPT上呈现学生的座位图，这类似于采取一种预防性或提示性措施，有助于避免禁止或不期望的行为，也有助于产生所期望的行为。创设这种前因可以有效地加强课堂纪律管理。相倚契约是教师和学生共同商定的对学生行为的具体要求，以及达到要求之后学生可以得到什么结果的一种约定。例如，如果课堂考勤为全勤，则平时成绩加10分，就是一种相倚契约。创设合适的前因，合理运用相倚契约，是行为主义的经典条件作用和操作条件作用原理以及强化理论在课堂管理中的基本运用。

第三，选择并合理运用正强化、负强化、给予惩罚和移除惩罚等策略，以及定时距、变时距、定比率和变比率等强化程式。奖励、表扬、减免学习任务等，都是有效的强化物。要更多地运用社会性强化，包括肯定和激励性的语言、眼神、动作、语气，以及积极的面部表情、对学生的关注和认可等言语和非言语强化行为。教师应更多地给予学生肯定的微笑、赞许的眼神、期待的目光、善意的提醒，这给学生带来的心理触动是巨大的。运用强化或惩罚必须及时而具体，要让学生明确地知道为什么受到强化或惩罚。同时，运用强化要小步子、及时化，对课堂管理过程要有耐心。

二、人本主义取向的课堂管理策略

人本主义心理学认为，每个人都有内在的学习需要，都有自我认识、自我管理、自我评价的能力。在人本主义心理学视域，教师对学生的了解、尊重、和关心，是最有效的课堂管理策略。

第一，教师要充分了解和尊重学生。从人本主义心理学视角来看，课堂管理不是一个简单的监督和控制过程，而是要营造尊重和关心学生的课堂氛围。教师要善于聆听学生，了解学生的需要特别是高级心理需要，真诚地关心和关爱学生、相信和信任学生，真正把学生当作学习的主体，努力走进学生的世界和学生共同领悟与成长。只有这样，学生才能感受到爱和尊重，才能感受到自尊和尊严，才具有真正的学习积极性和自觉性，也才能建构起积极的课堂心理氛围。

第二，设计具有一定挑战性的学习任务，并帮助学生体验到成功。学生在完成具有一定挑战性的任务时，能够体验到理智活动的愉悦，形成积极的自我认知，还能够增强自我效能感。而愉悦感、积极的自我认知和自我效能感是学习活动强大的内在动力。学习任务太简单或太难，学习内容及其呈现方式缺乏逻辑性，都容易产生课堂问题行为。因此，教师要努力使学习过程成为有意义学习，成为知识、情感、价值观和信念相统一的全面教育，而不是机械的知识灌输。

第三，引导学生进行自我反思、自我评价和自我管理。一个课时或一个单元结束后，教师可以组织学生对学习目的、学习态度、学习方法和学习效果等进行自我反思和自我评价，并提出改进的计划。教师要把学生当作一个自我决策和自我负责的主体，努力成为"学习的促进者"，而不是机械地从外部输入学习指令。就像皮格马利翁效应所揭示的那样，期待和信任学生，并由此在学生身上产生积极的自我期待和自我信任，这是师爱的最高境界，也是课堂管理的最高境界。

人本主义取向的课堂管理策略，就像罗杰斯所说的教学"金科玉律"那样：教师绝对不能把学习只看作学生的事情，而是要学会与学生一起成长，不断在学习中获得新的意义与启示；教师绝对不能只提供一些事实性的知识，而是要使学习过程成为对学生来说具有生活意义的成长历程；教师绝对不能站在学生之外，而是要走进学生的内心世界，真正地理解学生；教师的眼中绝对不能只有知识，而必须有学生，有学生的成长，有获得知识的方法，有知识和方法同人之生存的意义性关联；教师绝对不能只是运用考试手段的能手，而必须引导学生进行自我评价和自我反馈。

三、一般心理规律取向的课堂管理策略

一般心理规律取向的课堂管理策略是，恰当地运用心理学原理，使教学活动符合人的心理规律，从而保持良好的课堂教学秩序。一般心理规律十分复杂，包括认知规律如感觉和知觉规律、记忆规律、思维规律等，情感形成和发展规律如情绪和情感理论、动机理论、归因理论等，以及个性与行为规律。这些规律，都是进行有效课堂管理的重要基础。这里就几个重要的心理效应与课堂管理策略进行简要阐释。

第一，首因效应和近因效应与课堂管理策略。首因效应和近因效应是人的社会认知的基本效应。实验表明，人的认知在很大程度上受认知对象呈现时序的影响，最先输入的信息在人的头脑中最鲜明和最牢固，最近接收的信息在人的头脑中最清晰。其启示如下：要努力给学生积累第一印象，上好第一堂课和每堂课的第一小节；科学设置课堂导入与课堂小结，给学生留下深刻印象；在课堂沟通和交流中，要合理安排语句的先后顺序，尽可能产生积极的近因效应，避免消极的近因效应。

第二，超限效应与课堂管理策略。研究表明，人的认知和情感存在极限，刺激过多、过强或作用时间过久，会引起心理逆反，这就是超限效应。其启示如下：抓住学生的注意力，关键在开始的三分钟；教师要注意时间、控制节奏；指导或批评学生时，切忌无意义重复，以免引起其心理排斥与抗拒。

第三，归因偏差与课堂管理策略。研究表明，人有这样一种心理反应和心理机制，即往往将成功归因于主观原因如能力、性格、兴趣等，而将失败归于外部客观原因和他人。反过来，对于别人的成功，往往归因于客观原因；对于别人的失败，则更多归因于主观原因。其重要启示如下：教师不能把学生出现的问题简单地归因于学生，而是要善于反思自身的教学。

第四，晕轮效应与课堂管理策略。美国心理学家凯利指出，当一个人的某种品质或一个物品的某种特性给人以非常好（或差）的印象时，人们对这个人的其他品质或这个物品的其他特性也会给予较好（或较差）的评价。这就是晕轮效应，即社会印象的放大效应。其启示如下：教师要全面客观地评价学生，

防止以偏概全或印象放大；要充分展示自身在学识或人格等方面的优势，扬长避短。

第五，蝴蝶效应与课堂管理策略。1979年，气象学家洛伦兹在美国科学促进会的一次讲演中提出：一只蝴蝶在巴西丛林的一朵花瓣上轻轻扇动一下翅膀，有可能会在美国的得克萨斯引起一场龙卷风。这是指在一个系统中，某种微小的变化可能会导致整个系统长期的、巨大的连锁反应，即细小因素的变动与复杂系统的变化之间存在紧密而复杂的联系。其启示如下：在教育教学系统中，教师的细小因素（语言、行为、态度、情感等），都有可能对学生的思想和心理产生巨大的影响，并成为学生生命历程中意想不到的拐点。这正如我国心理学家林崇德教授所指出的那样："孩子的心灵像未干的水泥，只字片语都会对他们有所影响，父母和老师所讲的话，哪怕是开玩笑的戏言，都会在他们的人生中留下严重的后果。"

此外，还有罗森塔尔效应（即皮格马利翁效应）、德西效应、南风效应等心理效应。从一般心理规律取向的角度来看，课堂管理是师生之间认知、情感以及个性等方面的复杂的心理交往和心理影响过程。教师的教学行为是否符合一般心理规律，是影响课堂管理成效的关键因素。教师要努力掌握和善于运用心理规律和心理效应，把教学系统中各方面、各要素和各环节有效地激活并协调起来，从而实现课堂管理的最优化。

四、全面教学能力取向的课堂管理策略

全面教学能力取向的课堂管理策略坚持这样一种理念，即最有效的课堂管理源于最有效的教学，最有效的教学源于教师的全面教学能力。如果缺乏有效教学，那么无论运用什么样的管理策略和管理方法，都不可能有良好的课堂管理。因此，教师要努力提高教学能力，以有效的教学来吸引学生，从而建构良好的课堂环境和氛围。

第一，教师要努力提高教学能力，尤其是要努力提高把握课程属性的能力、运用教育教学规律的能力、教学语言能力、教学反思能力等，用教学魅力来感染学生。在教学中，教师要善于合理地安排课堂教学结构，娴熟而恰当地运用教学方法，努力保持教学的逻辑性和流畅性，提高教学效率。尤其重要的是，教师要真正热爱知识和教育事业。如果教师对自己的事业，对自己的教育职务，并非真正热爱，则无论教师怎样想在学生中争取威信和爱戴，都不会达到目的。教师对知识和教育事业的真正热爱，是比任何管理手段都有效的课堂管理策略。

第二，教师要遵循教育教学规律，遵循学生学习规律，自觉地把教学建立在遵循规律的基础之上。教师要通过掌握和运用教学规律，努力创建有意义学习（包括奥苏贝尔的有意义学习和罗杰斯的有意义学习）的课堂环境。苏霍姆林斯基曾指出，教学首先要培养和引起学生的学习心向，否则就不可能进行有效教学。他说："如果教师不想方设法使学生产生情绪高昂和智力振奋的内心状态，就急于传授知识，那么，这种知识传授只能使人产生冷漠的态度，而不动情感的脑力劳动就会带来疲倦。"

第三，教师要信任和尊重学生，激发学生对知识和真理的热爱。首先，要真诚对待学生。如苏霍姆林斯基所言："要善意待人，就是说对待学生犹如对待自己的孩子一样。……相互以善相待，是在富于情感修养的气氛中培养起来的。"其次，要培养学生对学习的兴趣。最后，要尊重学生的个性。

第四，教师要有良好的个性品质。教师的个性包括个性倾向性和个性心理特征。个性倾向性是教师的心理倾向和思想倾向，包括需要、兴趣、动机、理想和信念等，它是人的心理世界的基本动力。个性心理特征则是教师在生活和工作中表现出的相对稳定的心理面貌，包括能力、性格和气质等。教师优秀的个性品质是正确认知的前提、积极情感的基础以及和谐交往的条件，也是有效课堂管理的重要保证。教师要自觉培养自信乐观、包容豁达、善良宽厚、谦逊刚毅等积极的个性品质，并以这种人格力量感染学生，从而建构积极的课堂关系。

上述不同取向的课堂管理策略不是对立的，而是相互补充和相互联系的。有效的课堂管理应根据教学内容和教学对象等条件，综合运用多种策略。例如，奥姆罗德提出的课堂管理策略就是对不同取向的管理策略的整合，这些策略包括：合理安排学生的座位；把尊重和关爱传递给每个学生；上好第一堂课和开好每一节课的头；明确学习目标；制定合理的规章制度；尽可能让学生参与；关注学生正在做什么，并让学生感知自己，知道他们正在做什么；减少与学习无关的行为；和学生沟通对各种课堂行为的看法；教给学生自我管理的策略。思想政治理论课课堂管理必须结合课程属性和学生特点，善于综合运用各种取向的管理策略。

第三节　高校思政理论课教学评价

教学评价是学校教学管理的重要组成部分，对于激发教师和学生的积极性，提高教学质量，具有重要意义。

一、教学评价概述

（一）教学评价的概念与意义

1. 教学评价的概念

教学评价是对教学工作质量所做的测量、分析和评定。它以参与教学活动的教师、学生、教学目标、内容、方法、教学设备、场地和时间等因素优化组合的过程和效果为评价对象，是对教学活动整体功能的评价。进行教学评价是实现教学目标的一个重要手段，教学评价是为了解、诊断、评定与提高教学质量服务的。理解教学评价，要把握以下几点。

第一，教学评价的主要目的是诊断或提高教学质量，即通过对教学过程和教学结果的测量与分析，为诊断或提高教学质量服务。

第二，教学评价的对象具有整体性。教学评价既包括对教师教学工作的评价，也包括对学生学习效果的评价，还包括对参与教学过程的内容、方法、环境和条件等其他要素及其组合方式的评价。

第三，教学评价是对教学质量和效果的分析与评定，或者说是对教学的一种价值判断。评价首先要通过测量获得评价对象在某个时段或某个方面的信息和数据，其次要对测量所获得的信息和数据进行一定的分析。获得数据的过程本身不是评价，评价是基于数据做价值判断的过程。

简言之，教学评价是旨在诊断或提高教学质量，以测量数据为依据，对教学活动的准备、过程和效果的一种分析和评定。

2. 教学评价的意义

教学评价对于整个教学系统的运行具有重要意义。如果把教学过程看作一个师生信息传递系统，教学评价则是教学系统的反调节机制，它有助于客观把握教学准备状态、运行状态以及教学效果，从而有效调节和改善教学系统的整体功能。教学评价对于教学活动具有导向、诊断、激励和管理的功能，是教师改进教学设计和教学组织实施方式的重要依据，也是学校加强教学管理、深化教学改革的重要参考。

当然，也要认识和防范教学评价的局限性。

首先，教学评价以测量数据为依据，但并非所有的测量对象都具有可测量性，测量数据本身也具有近似性。

其次，对数据的分析和价值判断以评价者的价值取向为基础，价值取向不同评价结果也不相同。

再次，测量取样和评价指标与评价方法等因素，会影响评价的信度和效度。

最后，对教学评价结果的不恰当使用可能会导致一定的负效应，甚至导致对评价意义的背离。

（二）教学评价的种类

1. 对学生学习过程和学习结果的评价

对学生学习过程和学习结果的评价，可以从多种角度进行分类，主要有以下四种。

第一，根据评价在教学中的作用，教学评价可以分为诊断性评价、形成性评价和总结性评价。诊断性评价是在学期教学或单元教学开始时，对学生现有知识水平和学习愿望进行评价，目的是了解学生的知识背景、学习能力和需要，以便增强教学的针对性和有效性。形成性评价是在教学进程中，对学生学习情况所做的经常性和即时性的测评，如对学生的提问、课堂测验、作业批改等，目的在于获得反馈信息，更好地改进教学。总结性评价也称为终结性评价，是对学生的学习成果进行制度化的正规考查或考试，目的是对学生一定阶段的学习给出成绩评定。

第二，根据评价所使用的方法和标准，教学评价可以分为相对性评价和绝对性评价。相对性评价也称为常模参照评价，是以一定的常模为参照系，依据学生个人的成绩在全班学生成绩序列中或常模中所处的位置来进行的评价，它主要考虑学生个人在学生群体中的位置，而不考虑学生是否达到教学目标的要求。绝对性评价也称为标准参照评价，是以教学目标和任务为参照系，以教材为蓝本编制试题，根据学生完成试题的成绩，判断学生是否达到教学目标的基本要求。常模参照评价适用于比较性的评价，如选拔人才；标准参照评价则适用于合格性的评价，如课程结业考试等。

第三，根据评价主体的不同，教学评价可以分为教师评价和学生自我评价。教师评价是任课教师对学生的学习状况和成果进行的评价，包括教学中的提问、测验、考查、考试等，也包括师生交往过程中教师对学生的知识与能力、态度与方法、习惯与品德等方面的评价。学生自我评价是在教师指导下学生对自己的作业、测验、考试等成果以及学习态度和学习方法等进行的评价。

第四，根据评价任务和内容的不同，教学评价可以分为选择—反应性评价和建构—反应性评价。选择—反应性评价是评估学生对客观题的反应水平，即学生完成由选择题、判断题、匹配题以及限制性填空题和简答题所构成的一套测验，教师根据测验成绩对学生的学习做出价值判断的教学评价。建构—反应性评价是评估学生完成某种表现性任务如口头或书面、模拟或探究性的复杂任务的效果，并由此做出价值判断的教学评价。这两种评价分别适用于考查学生对基本知识的掌握和理解程度，以及运用知识分析和解决问题的能力与水平。

2. 对教师教学工作及教学效果的评价

对教师教学工作及教学效果的评价，也可以从不同角度进行分类。

第一，根据评价指向，教学评价有过程性评价和总结性评价。过程性评价主要评估教师的教学设计、教学运行状况等，目的是为改进教学提供指导意见。总结性评价是对教师的教学过程和成果以及教学能力做结论性的评定。

第二，根据评价目的，教学评价有奖惩性评价和发展性评价。奖惩性评价是与教师奖惩相结合的评价，评价结果与教师的晋升晋级、薪酬津贴等挂钩。发展性评价是不与奖惩相联系的评价，目的是通过对教师的教学进行评价以促进其教学能力的提升。

第三，根据评价主体，教学评价有外部评价和内部评价。外部评价是由学校领导、部门管理人员、教学督导专家以及教师同行进行的评价。内部评价是由教学活动的参与者即教师本人和学生群体所进行的评价。不同的评价主体所侧重的评价标准不尽相同，因而不同的评价者对同一位教师的评价也不尽相同。

第四，根据评价方法和手段，教学评价有现场评价、视听评价、量表评价等。现场评价是评价者进行实地考察，通过随堂听课或召开师生座谈会等方式进行的评价，这种方法的时效性和现场性较强，但易受现场环境或师生现场情绪的影响。视听评价是依据课堂教学的实录音频或视频而进行的评价，这种评价具有信息客观、可对比性和可比较性强等优点，但操作成本较大。量表评价则是采用评价量表，由教师和学生在现场或通过网络进行评价，这种评价方法简便易行，但评价量表的科学性要求较高。量表评价是实践中应用较广泛的一种评价方式。

（三）教学评价的基本要求

1.教学评价要坚持客观性原则

无论是对教师教学工作的评价，还是对学生学习成果的评价，客观公正、科学合理是最基本的要求。教学评价的客观性不仅与评价目标和评价方法是否恰当有关，还与评价者的主观因素密切相关，如评价者的知识背景、兴趣爱好、价值取向、情绪状态等，都会影响评价的客观性。从技术层面来看，坚持评价的客观性，必须保持评价的信度、效度和标准化。信度即评价结果的一致性、稳定性与可靠性，它反映了运用一种测量方法和评价体系对同一个对象的多次或多元评价之间的一致性；效度即实际测量到的内容与想要测量的内容之间的一致性程度，它反映了测量和评价的有效性程度。

2.教学评价要体现发展性原则

教学评价要着眼于促进教学过程优化和教学质量提升，其目的是激发教师和学生的积极性。这就要求加强诊断性评价和形成性评价，改进教学；要注重定量评价与定性评价的有机结合；要突出评价的信息反馈机制，强化评价的指导功能，充分肯定优点，又要提出具体明确的建设性指导意见。

3.教学评价要坚持全面性原则

既要加强对教学过程的评价，又要加强对教学成果的评价，把过程评价和结果评价结合起来；既要加强对教师教学工作的评价，又要加强对学生学习效果的评价，把评教与评学结合起来；既要加强对教师和学生的评价，又要加强对教学设施和教学环境等因素的评价；既要突出外部评价，以加强教学管理部门的管理和指导以及同行间的交流，又要突出内部评价，使教学评价成为教师和学生的自觉行为。

二、思想政治理论课教学评价存在的问题

目前，各高校高度重视对思想政治理论课教学的评价，普遍采取了领导深入课堂一线听课、同行评教、学生评教等多种评价方式，加强对课堂教学运行状态的管理与对教学质量的评估，极大地促进和保障了教学工作的顺利开展。同时，也存在需要认真研究和解决的几个问题。

（一）教师教学工作评价中存在的问题

1. 评教与评学的关系问题

教学工作是一个系统工程，教师教学工作的质量和水平主要取决于教师的专业水平、教学态度、教学方法、教学能力等，同时也与学生的学情和教学条件等密切相关。思想政治理论课教师的一切努力都应该以教学内容进入学生头脑为根本出发点和落脚点，以教学活动激发学生兴趣为追求目标，以教学方式得到学生接受和欢迎为评价尺度。这表明，教的工作与学的状态这两个方面具有不可分割的联系，因此，评教与评学也不可分割，对教师教学工作的评价要与学生学情评价和条件保障评价等结合起来。只有处理好二者之间的关系，才能更好地发挥教学评价的功能，提高教学质量。当前，一个突出的现象是，我们往往比较重视对教师教学工作的评价，却相对忽视了学生学情评价和条件保障评价。

2. 评价的反馈指导功能问题

教学评价是整个教学系统中的信息反馈和调节机制，其主要目的是为教学工作提供诊断性和指导性的建议。在这个方面存在的主要问题有：一是评价反馈不够，表现为听课多、评课少，评价反馈不及时或缺乏反馈；二是指导性意见和建议不具体；三是存在以对教师专业水平的评价代替对教师教学的评价等现象。

3. 评价指标的科学性问题

评价指标的科学性是评价科学性的重要基础。这个方面存在的问题主要有：一是评价指标的个性化不突出，即用同一个指标体系来评价所有不同学科和课程的教学工作，评价指标局限于教学的共性方面，如备课、教学态度、教学组织以及学生反应等，不能具体地体现思想政治理论课的个性要求。二是评价指标项目不全面。例如，课堂教学指标多，课外辅导交流等指标少；指向于实现教学知识目标的评价指标多，指向于实现教学情感目标和认知目标的评价指标少。三是教学指标的层次与质量不高。例如，教学形式方面的指标如板书工整性、普通话水平、PPT吸引力等指标过多，而实质方面的指标如课时教学目标完成度、教学合规律性、教学艺术性水平等指标过少。

4. 信息采集的系统性与评价的客观性问题

评价者往往根据一节课的印象得出评价结论，缺乏跟踪性和整体性的信息采集，评价信息的系统性有待提高。学生评教存在盲目性或情感化倾向，如学生对诸多评价指标不一定完全理解，课程结束后学生集中网络评教的方式易于产生评价失范，这些问题都亟待解决。

（二）学生学习状况和学习成果评价中存在的问题

1. 诊断性评价比较欠缺

当前的教学评价不太重视学期教学或单元教学开始时，对学生学习动机和愿望、知识背景和学习需要等方面的评价，通过诊断性评价以增强教学针对性和有效性的意识不够。

2. 形成性评价的自觉意识有待加强

在教学过程中，教师更多地把提问、课堂测验、小组研讨、活动参与、作业批改等作为一种教学组织管理手段，或将其结果作为评定学生平时成绩的依据，而把它们作为一种教学评价的意识还不强。因此，教师要进一步加强对学生学习过程的反馈性指导，通过经常性的形成性评价来改进教与学。

3. 评价指标的科学化问题

目前，对学生学习的评价主要是平时成绩（包括考勤、课堂答问和作业、教学活动参与等）和期末考试（考查）成绩。这个方面存在的问题有：没有把教学的知识目标、情感目标和认知目标有机统一起来，全面评价学生的学习；没有在评价指标中科学地体现教学情感目标和认知目标。因此，对于这些问题需要深入研究。

三、加强和改进思想政治理论课教学评价的思考

加强和改进思想政治理论课教学评价，首先要积极探索和创新学生学习评价和教师教学工作评价的方式方法，构建有效的思想政治理论课教学评价体系，更好地发挥教学评价的功能。

（一）完善学生学习的评价体系

完善学生学习的评价体系，重点是建构总结性评价与过程性评价相结合、知识评价与综合评价相结合、质性评价与精细化评价相结合的评价体系，从而激发学生学习的积极性，提高评价的科学性，增强评价的公正性，更有效地提升教学评价工作对学生学习的约束力和激励性。

第一，学期末的总结性评价与教学中的过程性评价有机结合，强化过程性评价。学期末的总结性评价通常是期末考试，主要是学习结果评价；教学中的

过程性评价是以学生参与教学活动和单元测验为依据的评价，主要是学习表现评价。期末考试一般采用开卷考试和闭卷考试两种形式，开卷考试侧重于考查学生的理解程度以及对知识的运用能力，闭卷考试侧重于考查学生对知识掌握的准确性和系统性程度。过程性评价要加强对两个方面的评价：一是学生参与教学活动的情况，包括学习的心向和专注度，参与课题研究、小组讨论、同伴教学等活动的情况；二是单元测验，包括课时测验、微课程学习测验等。如果期末考试采用闭卷考试，那么过程性评价宜强化参与教学活动情况的考核；期末考试若采用开卷考试，则过程性评价宜强化单元测验。

第二，知识评价与综合评价相结合，强化综合评价。知识评价是对学生掌握和理解基本知识与原理的程度的评估，综合评价是对包括学习效果在内的学习动力、学习态度、学习方法、思想情感等方面的全面评估。对学生学习的评价，既要注重知识的掌握和理解情况，更要将综合性评估渗透在单元测验和考试之中，尤其是要通过过程性评价对学生学习的综合性指标进行评估。

第三，质性评价与精细化评价相结合，强化精细化评价。质性评价是教师对学生学习状况的一种质性描述，精细化评价则是运用一定的统计分析方法对学习状况的量化评价。改进教学评价，必须把质性评价与精细化评价结合起来，尤其要加强精细化评价。加强对学生学习过程和学习结果的精细化评价的一项重要工作是，研制和运用全面评估学生学习状况的各类量表，如名称量表、顺序量表、等距量表和比率量表，对学生在学习过程中的各种活动信息（如专注听讲、回答问题、课堂研究、小组讨论等）进行观察、测量和采集，然后对学生的活动信息进行深度分析，获得学生活动和行为的频数及其分布、频数的集中趋势和变异性、相关关系和因果关系等数据，最后根据常模参照或标准参照等评价标准对学习数据进行分析和评估。

（二）深化教师教学评价改革

教师教学评价，要从建构评价体系、完善评价方法、加强评价运用三个方面深化改革。

1. 建构评价体系

要建构教师素质评价、教学行为评价、教学质量或教学效果评价三位一体的评价体系。

一是教师素质评价。把教师素质评价纳入教学评价，这是思想政治理论课教学属性的内在要求。教师素质、教学理念和教学职责意识，在某种意义上是决定教学工作水平的关键因素。对教师教学的评价，既要评价表现性的教学行为，又要评价非表现性的教学理念与教学职责意识。因为外显的教学行为在根本上受教师的教学理念与教学职责意识的支配，只有把教学理念与教学职责意识纳入评价体系，才能更深入和更全面地评价教学工作。因此，要建构教师素质、教学理念和教学职责意识相统一的评价指标体系。

二是教学行为评价。教学行为评价是对教师课堂教学行为和教学活动过程的评价，这是教学评价的主体部分，一般可以根据教学目标、教学内容、教学环节、教学方法等指标来设计具体指标等级进行评价。

三是教学质量或教学效果评价。它是对教师教学工作的效果即教学目标完成度的评价，这是教学评价的核心部分，一般可以根据知识目标、情感目标和认知能力目标等来设计具体指标等级进行评价。

2. 完善评价方法

要形成多元主体评价、多维路径评价相统一的评价方法。

一是多元主体评价，解决谁来评、评什么的问题。要建立学校领导、部门管理者、教学督导员、同行、教师本人以及学生六方面组成的评价队伍；要明确不同主体的评价侧重点和评价任务边界，各司其职，并将不同主体的评价结论有机整合起来。

二是多维路径评价，解决通过什么途径评、怎么评的问题。要建立课堂听课、召开学生座谈会、网上评教等多途径的评价机制，增强信息采集的完整性；要把多元主体评价结合起来，把外部评价与内部评价结合起来，增强评价的客观性和公正性。

3. 加强评价运用

要构建评价反馈机制和以评价促进教师教学能力提升的机制。

一是加强评价的及时反馈，充分发挥评价的导向、诊断与激励作用。既要听课，又要评课；既要对信息和数据做价值判断，又要把信息和数据以及评价结果和详细的指导意见及时反馈给教师。

二是培养以评价促进教师教学能力提升的意识。学校管理部门和评价者不能把教学评价当作一种约束和管制手段，而要将其作为促进教师专业发展的有效机制；教师个人也不能把教学评价理解为一种约束和管制，而要善于学习和吸收各种评价意见，积极地根据外部评价来反思自己，积极地根据学生评价来反思自己，同时积极地进行自我评价和自我反思，在反思中提升教学能力。

第七章　高校思政理论课教学反思

教师必须愿意反思和批判性地分析自己目前的假设、推论及教学方法，好的教师会承认自己会犯错，并且他们会相应地调整自己的信念和策略。

——奥姆罗德

反思是人特有的活动，正如杜威所指出的那样："观察的生活、反省的生活、沉思的生活和推测的生活是作为目的本身而存在的，是真正的人的生活。"正因为拥有反思能力，人才可能站在自我之外来批判性地分析自己的行为及其思想基础，才能思考过去的事情并总结经验教训。反思也贯穿于教育教学活动的过程之中，在一定意义上，教师的反思能力是教师教学能力发展的最重要因素。本章主要阐述教学反思的含义和特点以及高校思政理论课教学反思的主要问题等内容。

第一节　教学反思概述

教学反思是教师教学生活方式的内在环节，是影响教师教学能力发展的关键因素。教学反思最初是作为教师教育的主题而被重视的。20 世纪 80 年代，在美国、英国、澳大利亚出现了强调培养教师教学反思能力的教育思潮和教育实践，之后迅速蔓延至全球教育界。与之相应，关于教学反思的理论和实践问题，也成为教育教学研究和教师发展研究的热点课题。

一、教学反思的含义和特点

（一）教学反思的一般含义

近年来，国内学者对教学反思做了大量研究，提出了很多有价值的观点。

申继亮等认为，教学反思是指教师为了实现有效教学，对已经发生或正在发生的教学活动以及这些教学活动背后的理论、假设进行积极、持续、周密、深入、自我调节性的思考，在思考过程中，教师能够发现、清楚表征所遇到的教学问题，并积极寻求多种方法来解决问题。这个定义比较全面和准确地概括了教学反思的含义：教学反思的目的是发现和解决教学中存在的问题，实现有效教学；教学反思的内容是已经发生或正在发生的教学活动以及它们背后的理论和假设；教学反思的过程是一种思考过程，但不是一般的思考过程，而是积极、持续、周密、深入和自我调节性的思考过程。

于海波和马云鹏根据杜威对"反思"概念的界定，概括了教学反思的四层基本内涵：首先，教学反思是反思活动的一种，其主体是教师，对象是教学生活中的种种事物和事件；其次，教学反思活动是教师生活的有机组成部分，与教师的信仰、追求、个性等存在深层联系；再次，教学反思是一个探究过程，是创造性的问题解决过程，例行公事、浮光掠影式的教学思考不能归入教学反思之列；最后，教学反思是教师专业成长的重要途径，教学反思促进了教学经验的扩展、改组、重构，在教学反思中教师得以成长。与申继亮的观点相比，于海波和马云鹏进一步描述了教学反思的两个重要意义：一是教学反思与反思主体的信仰、追求和个性等有密切联系；二是教学反思是教师专业成长的必要路径。

关于教学反思的内涵，学术界主要有以下三种观点：第一种观点认为教学反思是分析教学技能的一种技术，是对教学活动本身（尤其是教学技能、教学方法）的深入思考，这种深思使得教师能够有意识地、谨慎地、经常地将研究结果（技术层面的）和教育理论应用于教学实践。第二种观点认为教学反思是对各种有争议的优秀教学观进行深入思考并依此做出选择，是对教育观念、教育背景的深入思考。持有该观点的教师能够考虑到教育事件发生的背景，能够预期不同行为将会带来什么样的后果。此观点有两个显著特征：一是关注教育事件的背景、发展脉络；二是能够对特殊的事件、情境进行反思。第三种观点认为教学反思是对教学经验的重新建构。在该观点下，反思是教师理解、评价教学实践的一种手段，是对经验的重新组织和重新建构，并由此达到三个目的：一是对各种教学活动的背景有新的理解；二是对自身作为教师和教学活动的文化环境有新的理解；三是对关于教学的一些想当然的假设有新的理解。对这三种观点的概括梳理了教学反思在对象上的三个维度，即教学技能反思、他人的教学观的反思以及教师自身教学观的反思。

刘加霞和申继亮在综述国外教学反思内涵研究的基础上认为，国外学者关于教学反思的一般共识是，教学反思是教师对于教什么和如何教的问题进行理性的和具有伦理性的选择，并对其选择负责任。教学反思之所以意味着一种理性的和伦理性的选择，是因为它不仅是对影响和支持教学活动的"优秀教学观"的思考，而且关系到教师自身教学经验的重构。

综上所述，我们对教学反思做出如下定义：教学反思是教育者（主要是教师）对教学活动及其理论和假设进行探究性思考，旨在对教学活动做出更富于理性和伦理性选择的思维活动。

（二）教学反思的基本特点

真正理解教学反思的含义，还必须对它的特点做进一步思考。

1. 教学反思的思考方式是一种哲学思维方式

一方面，教学反思与一般的对象性认识活动不同，它既是对对象的认识，也是对自我的认识，是对象认识与自我认识的统一。在教学反思中，教师对教学活动及其理论基础的思考，其实就是对自己内在的教学理念、教学态度和教学能力等的审查与检讨，而理解自己对自身内在的审查与检讨又离不开对外在的教学行为的思考。另一方面，对象认识与自我认识的统一性，使得教学反思不同于科学思维，也不同于艺术思维，而是一种哲学思维。教师的教学反思，不是电脑专家依据数据库做出判断的过程，也不是像艺术家那样依据教学情境做出诗意赞美或感悟的过程，而是外在教学行为、内在教学理念与理想的教学生活之间的贯通性思考。

2. 教学反思是一个自我相关的循环发展过程

在哲学认识论的意义上，自我相关是指认识主体和认识客体相互交织、彼此缠绕，或认识主体对认识客体的不同认识路径之间相互依存、相互制约。教学反思也是一个有趣的自我相关过程，这种自我相关突出地表现在两个方面：一是反思对象与反思者自我相关。教学反思是对教学活动及其理念和价值观的思考，而这种思考又是以教师已有的教学理论为中介的，这实际上是以已有的教学理论和教学观念去考察教学活动所蕴含的理论和观念。二是反思路径自我相关。从路径来看，教学反思可以从对个别教学行为的反思开始，到对整体性教学本质观的理解，也可以从对整体性教学本质观的反思开始，到对个别教学行为的理解；可以从对教学事实的反思出发，到对教学价值观的理解，也可以从对教学价值观的反思出发，到对教学事实的理解。而无论从哪里出发，都总是离不开对方，甚至以对对方的反思和理解为前提。例如，理解自身的某个教学行为，总是不能离开自身对整体性教学本质观的理解，相反还必须以后者为前提，反之亦然。这个特点说明，教学反思必然是一个循环发展的过程，是一个不断从对象到主体，又从主体到对象的循环，是一个不断从事实到价值，又从价值到事实的循环，每一次循环都会获得某种新答案，得到某种新启发。

3. 教学反思是认识过程与价值过程的统一

教学反思不仅要思考是什么和为什么的问题，即对教学行为的客观状态进行事实描述和理由追问，而且要思考应该怎么样的问题。这不仅是因为教学行为和教学事实本身就承载着价值，教师的任何一个有意识的教学行为和教学事实，都体现了教师一定的教学理念、价值观和理想与抱负，而且因为教学反思包含着在多种可能的教学理论和教学策略中做理性和伦理性的选择。教师的教学反思不同于计算机对各种教学数据的统计处理，它蕴含着一种超越性的价值追求，是通过不断追问教学行为及其理论基础而逐步实现自我超越的过程。

二、教学反思的向度和方法

（一）教学反思的向度

从时序上看，教学反思包括教学前的反思、教学中的反思、教学后的反思。教学前的反思是对即将展开的学期教学或课时教学的设计及其理论基础的再认识和再思考，应重点思考的问题有：教学目标和教学内容的组织是否合理，教学重点和难点的把握及其教学设计是否准确，教学内容的呈现方式以及教学过程的环节安排是否科学，课堂环境建构的思路是否恰当，教学效果的预期是否合理等。教学中的反思是教师在教学过程中，根据即时教学评价的反馈信息，即教师的课堂观察信息以及录音录像设备所获得的信息等，对原先的教学设计及其理念进行再认识和适度调整。教学后的反思是教师在课时教学、单元教学或学期教学结束后，根据教学目标完成度、教学评价信息等，对已经开展的教学活动进行再思考。教学前、教学中和教学后的反思三者之间的关系是相对的：教学后的反思对于下一个周期的教学活动而言又是教学前的反思；同样，教学过程中的课时教学反思或单元教学反思，既是教学中的反思，而相对于其他教学阶段而言，又是教学前的反思或教学后的反思。

从形式上看，教学反思有横向反思和纵向反思、个体反思和集体反思等。横向反思和纵向反思都是一种比较性反思，或者与同行比较，或者与教师本人教学生涯的某个阶段比较，都是在比较中再认识自己，更新教学理念。个体反思和集体反思是分别以教师个体和教师集体为主体的教学反思。在某种意义上，集体反思其实也是个体反思。教师与同行共同研讨、交流、分享、观摩，从他人的评价和建议中反观自身，这既是集体反思，又是个体反思。与教师封闭化的反思不同，在集体中反思具有更重要的意义。由于观察视角、教学理论知识、教学经验和专业水平等因素的局限，教师个体反思也具有局限性。在集体中反思则能够充分利用集体的智慧，在交流和碰撞中相互启迪。

从特征上看，教学反思有整体反思和重点反思、积极反思和消极反思等。整体反思和重点反思是就反思对象和内容而言的两种反思向度。整体反思是对教学过程进行整体性的思考。教学过程是一个系统，该系统涉及教学内部系统和教学外部系统两个大的子系统，教学内部系统又包括教学目标与教学内容、教学过程与教学环节、教学行为与教学观念、教学事实与教学价值、教学情感与教学理念、教学规范与教学效果等方面和要素，教学整体反思是教师对教学系统的整体性和综合性的反思。重点反思侧重于对教学系统中的某个方面、某个要素和某个环节的反思。整体反思与重点反思也是具有自我相关性的两种反思向度。积极反思和消极反思是就反思者的情感和态度而言的两种反思向度。如果反思者以积极的情感和态度自觉和主动地进行教学反思，那么这种反思就是积极反思，反之，则是消极反思。

（二）教学反思的方法

从操作方法的角度来看，教学反思主要有以下形式。

1. 教学行为分析

教学行为分析是通过分析教学音视频资料、撰写反思日记或进行教学分析等方式，来剖析教学行为规范性和合理性的教学反思方法。澳大利亚学者凯米斯认为，行动研究是社会情境中的实践者为了提高对所从事实践的理性认识，改善他们的实践活动及其所处的社会环境而进行的自我反思的探究形式。[①] 教学行为分析的具体方法如下：一是观看和思考教学音视频资料。教学音视频资料全息记录了教学过程中的行为信息，它客观真实，易于反复观看。二是撰写反思日记或进行教学分析。反思日记和教学分析都是一种教学叙事，教学反思日记侧重于对教学事件、教学行为以及教学心境和教学情绪的描述和解释，教学分析则是对教学过程的某个主题、某个片段或某个案例的描述和分析，它比反思日记的主题更集中，描述更客观和具体，分析更深入。作为教学叙事，反思日记和教学分析的反思意义在于，使教师从教学实践中抽身出来，得以运用体悟和沉思的方式和自己对话，从而获得更高深的教学实践智慧。

---

① 郭俊杰，李芒，王佳莹. 解析教学反思：成分、过程、策略、方法 [J]. 教师教育研究，2014，26（4）：29-34.

2.微格教学

微格教学是专门培养教师教学能力的一种反思性培训形式。微格教学之"微"即微型、片段或小步骤，"格"即探究与探讨或定格与规格。它按照"训练课题微型化，技能动作规范化，记录过程声像化，观摩评价及时化"的原则，将真实的课堂教学情境小型化、模拟化。其具体操作步骤如下：针对每个培训项目，教师进行5～10分钟体验式教学，并阐述自己对某个教学行为或教学技能的理解、掌握及运用情况。同时，利用录像设备记录教师的教学行为，根据记录资料开展教学过程和教学效果的自评与互评。微格教学不仅模拟真实的课堂教学，而且针对重要的教学能力进行专项训练，并进行即时的讨论和评价，是教学反思的重要方法。

3.观摩学习与集体评课

观摩学习是教师沉浸到同行的真实课堂进行观摩，在具体的教学情境中理解教学，感悟教学艺术。集体评课是教师同行对真实课堂教学的集体讲评。观摩学习和集体评课两种反思方式简便易行、操作便利、效果明显，应成为高校思想政治理论课教师教学反思的基本方法。

三、教学反思的水平

（一）教学反思水平及其依据

1.教学反思水平

学界关于教学反思的层次和水平主要有以下观点。

斯巴克斯·兰格等根据教师对教学事件的描述方式以及对事件做解释的方法和准则，将教师的教学反思划分为七个水平。水平一：没有描述性的语言，对教学事件不做解释；水平二：用门外汉的语言对教学事件进行描述；水平三：用教育学的术语给事件贴上标签；水平四：用传统的具有个人偏好的语言对教学实践做出解释；水平五：用似乎合理的教育规律或理论进行解释；水平六：做出解释时考虑到了各种背景因素，如学生的特征、所学科目的特点以及社会因素；水平七：在进行解释时考虑到了道德、伦理、政治等方面的因素。

哈顿和史密斯认为，教学反思有四级水平。水平一：描述性作品，教师仅仅描述教育教学过程中发生的事件，没有尝试对教学事件进行解释和证实；水平二：描述性反思，教师尝试着对教学事件和教学行为进行解释与提供证据，但仅仅依据个人经验以报告或描述的方式进行；水平三：对话性反思，与自己对话，对教学事件产生的可能原因进行分析、探究；水平四：批判性反思，给出所做决策的理由，同时也包括更广泛的历史、社会、政治等方面的原因。

麦力仑认为，教学反思有三级水平。水平一：主要反思课堂情境中各种技能与技术的有效性；水平二：主要针对课堂实践背后的假说和策略进行反思；水平三：主要针对道德的和伦理的以及其他直接的或间接的与课堂教学有关的规范性标准进行反思。

刘健智等根据教学反思的维度及其水平的组合，认为教学反思有两个维度，每一个维度有两个水平层次。两个维度是反思主体维度和反思内容维度。反思主体维度的两个水平是消极性教学反思和积极性教学反思。反思内容维度的两个水平是孤立性教学反思和综合性教学反思。孤立性教学反思只对某一方面进行反思，而忽略各方面之间的相互联系和相互作用，综合性教学反思则能全面地考虑到各种影响因素以及它们之间的相互联系和相互作用，从整体层次上去把握、理解并进行教学反思。这里的消极性、积极性主要是指反思者的能动性的性质，即要看反思者是否出于对教育事业的热爱、为了促进教学而积极主动地进行教学反思，而不是只为完成上级交给的任务而进行的消极的完成任务式的反思，消极性反思可能会含有一些综合性的反思，但由于反思者的动机不够强，能动性不高，反思的效果也不会太好。综上所述，把这两个维度结合起来，我们可以认为教学反思有四个水平层次：消极孤立性水平、积极孤立性水平、消极综合性水平、积极综合性水平。

2. 划分教学反思层次和水平的主要依据

分析上述关于教学反思水平划分的观点可以发现，教师的教学反思涉及反思什么、怎样反思，以及反思主体的教育教学理论基础、反思的动机和情绪状态等因素，这些因素是影响教学反思层次和水平的核心因素，也是划分教学反思层次和水平的重要依据。

第一，反思对象的层次性是衡量教学反思水平的重要依据。反思对象是教师反思活动所指向的对象。教学反思对象包括教学技能层面、教学观层面、教学哲学和伦理学层面等不同的层次。根据反思对象的层次，教学反思可划分为技能层次的反思、理论层次的反思和伦理层次的反思等不同水平。技能层次的反思主要以教学技能和具体教学方法为反思对象；理论层次的反思不仅反思教学技能和教学方法，而且反思教学技能背后的理论基础，从而使反思更彻底；伦理层次的反思则进一步从技术和理论层面上升到超越性和应然性的教学伦理层面，是更高水平的教学反思。

第二，反思活动的思维操作水平是衡量教学反思水平的又一个重要依据。反思活动有再现或描述、解释或理解、审思与对话、辩护或批判等基本思维操作。根据反思活动中的思维操作水平，可将教学反思划分为描述性反思、解释性反思、对话性反思和批判性反思等不同水平，后者比前者具有更高的水平。

第三，反思主体因素也是衡量教学反思水平的重要依据。反思主体是反思活动的发起者和实施者。影响反思活动水平的反思主体因素主要有主体的教育教学理论素养、主体对反思活动的自觉意识水平、反思的动机和情绪状态等。反思主体因素深刻地影响甚至决定着反思对象的层次和反思活动的思维操作水平，从而影响着教学反思的整体水平。

（二）教学反思水平的新思考

从反思对象的层次性、反思活动的思维操作水平以及反思主体因素等维度对教学反思层次和水平进行深入分析和思考，对于我们深刻理解教学反思的含义和价值，具有重要意义。但在实际的教学反思中，反思对象、思维操作和主体因素等各个维度是相互关联的整体，单从某一个维度无法反映教学反思的层次和水平。以整体性为研究视角，笔者倾向于借用康德的感性、知性和理性三个概念，将教学反思划分为感性水平、知性水平和理性水平等。

第一，以感性、知性和理性概念为构件，整体性地思考教学反思水平，具有必要性和合理性。首先，感性、知性和理性三个概念涵盖了一般认识过程的基本环节。教学反思作为一种再认识活动，是认识主体运用一定的思维手段对各种经验材料进行思维加工和价值判断的过程，也是一个从感性认识到理性认识，又从理性认识到实践的过程。认识主体进行认识和再认识活动的某种层次和水平，总是居于人类认识一般过程的某个阶段或环节之中。其次，感性、知性和理性三个概念能够全面反映教学反思活动的思维操作水平。认识的形成和发展，依赖于人的认识能力和倾向，而感性、知性和理性是人的基本的认识能力和倾向。作为一种认识能力，感性是通过感官获得由外部刺激所引起的各种感觉的能力；知性体现思维的能动性，是对感性材料进行能动的综合和归纳，并获得事物的规定性，从而理解事物的本质和规律的能力；理性则是根据某种原则来认识有限经验之外的无限、实现生活的终极价值的能力。最后，感性、知性和理性三个概念能够全面反映教学反思主体的主体因素，具有对认识对象、思维操作和主体因素的最广泛的包容性。感性、知性和理性概念包含和反映了认识主体的理智能力、意识水平、动机与情绪状态，不仅如此，还包含和反映了认识主体的思维操作，以及认识客体的层次和属性。因此，以感性、知性和理性三个概念来理解教学反思及其层次和水平，是具有重要意义的尝试。

第二，教学反思的感性水平、知性水平和理性水平。感性水平的教学反思主要根据种种直观的感觉，如对学生的反应、师生表现性的行为的感觉等，来描述和判断教学，它不关注"为什么"和"应如何"的问题。知性水平的教学反思注重运用一定的教学理论和教学规律对各种感觉材料进行解释，以获得关于"为什么"的理解。理性水平的教学反思则进一步超越各种经验和理论，它不拘泥于教学理论和教学规律的规定性，而是上升到人和教育的终极价值层面加以追问，获得关于教学"应如何"的领悟。教学反思的感性、知性和理性三个水平，是一种综合性的水平划分。它具有对反思对象、思维操作和主体因素等维度的最大包容性，也具有对各维度不同层次的最大包容性。

第二节　高校思政理论课教学反思的主要问题

教学反思是整个教学工作的重要环节，教学反思能力是教师教学能力的重要组成部分，也是影响教学效果的重要因素。当前，高校思想政治理论课教学反思存在的问题，主要表现在以下三个方面。

一、教学反思的自觉意识

高校思想政治理论课教学反思存在的主要问题之一，是教学反思的自觉意识还不够，教学反思尚未成为教师的一种生活方式，教师对于教学反思的积极性和主动性有待提高，教学反思共同体意识有待增强。

（一）教学反思尚未成为教师的一种生活方式

从哲学人类学意义上来说，反思应成为人的一种生活方式。苏格拉底早就指出，未经反思的生活是不值得过的。人不仅要默默地赶路，而且要时常逗留、时常停下来，以便回望走过的路和眺望远方的路。思想政治理论课教学也应这样，教学反思也应成为教师的一种生活方式。教师应该既是演员，又是观众，在自己的内心通过演员与观众的对话，来实现对于教学的理解。教学的意义与其说是一个命题，不如说是一种实践，只有通过反思，才能形成对教学生活的自我觉察和自我理解，才能促进教学能力的提升。从现实来看，教学反思尚未成为教师的一种生活方式，其主要表现如下：限于对教学经验的自信，或功利的纠缠，或日常事务的烦琐，或工作量的繁重，教师当演员的多，却不善于或无意于当观众；教师埋头于教学和科研工作而无暇或无意驻足回望；部分教师甚至没有教学反思的自觉意识，他们不断地"做"，却缺乏必要的"思"；教师的教学策略主要是"复演"自身求学阶段所积淀而成的常识与经验，而没有对其加以反思的意识；对于课堂教学中存在的问题，简单地归因于学生的学习兴趣不高等。

（二）教学反思的积极性和主动性有待提高

真正的教学反思是一种以元认知为主要形式的高级认知活动，是一个积极主动的思维过程。教学反思是一个能动的、审慎的认知加工过程，也是一个与情感和认知都密切相关并相互作用的过程，在此过程中，不仅有智力加工，而且需要有情感、态度等动力系统的支持。反思需要意识的积极参与，需要智力和情感的投入。反思不等同于自发的、无意识的回顾和总结。从现实来看，教师教学反思的积极性和主动性还不高，其主要表现如下：反思动力不足，部分教师把教学反思当作一种负担，把教学观摩和教学讲评当作一种无关紧要的形式，把撰写教学总结或反思性自查报告当作一项可有可无的任务；反思情感投入不足，教学反思更多地被理解为一般性的教学回顾和总结，而以审慎态度对教学过程做深度反思的主动性相对欠缺；有的教师为了增强教学吸引力，生硬地模仿或走捷径式地"借鉴"等。

（三）教学反思共同体意识有待增强

教学反思不仅是个体反思，更需要集体反思。建构教学反思共同体，对于提高反思水平具有重要意义：有助于形成反思的氛围；能够促进反思视角的多样化；有利于将他人的教学理念和经验反向投射于自身，促进相互学习、相互启发。从现实来看，教学反思共同体意识还不高，其主要表现如下：开展观摩教学的积极性不高；同行相互听课的较多，但有深度的相互评课和议课等集体教学反思活动偏少；集体备课多聚焦于技术和操作层面，而元认识层面的反思性研讨则相对缺乏等。

二、教学反思的对象

高校思想政治理论课教学反思存在的主要问题之二，是教学反思对象的层次较低，重点不突出，针对性不强。其主要表现如下：教学反思主要聚焦于教学方法、教学手段、课堂组织等方面，而对思想政治理论课的课程属性、教师角色和社会职责、教学水平和教学目标完成度等关键和核心问题的反思还不够。

（一）对课程属性的自觉反思不够

思想政治理论课不是专业课，不是人文素质教育课，更不是培养兴趣爱好和特长的课，它有特殊的课程规定性。思想政治理论课的课程属性，对于教学的内容、案例以及教学语言的选用等都具有统帅性的意义。因此，对教学是否符合课程属性之规定性进行反思，是思想政治理论课教学反思的本质要求。从现实来看，目前的教学反思主要集中在教学是否具有吸引力以及运用怎样的教学方法来增强吸引力等方面，而对于教学是否符合课程属性之规定性的自觉反思还不够。

（二）对教师角色和社会职责的自觉反思不够

思想政治理论课教师不是一般的教师，而是马克思主义理论和社会主义核心价值观的信仰者和传播者；思想政治理论课课堂不是一般的课堂，而是大学生思想政治教育的主渠道和主阵地。因此，思想政治理论课教学反思尤其要加强教师角色和社会职责的自我反思。从现实来看，教师的教学反思更多的是对教学工作的反思，即对"我"之外的外部对象的反思，而对"我"及其角色和职责以及在教学中是否坚守了一名思想政治理论课教师的角色和职责的反思则相对缺乏。

（三）对教学水平和教学目标完成度的自觉反思不够

教学水平和教学目标完成度是衡量教学效果的根本标准，教学反思应自觉把教学水平和目标完成度作为重要内容。从现实来看，我们更多地将学生是否"爱听"、教学外在形式和表现等作为教学质量和教学效果的评价标准，更多地将教师的"教"作为教学评价的对象，而对教学目标的整体性及其完成度则缺乏应有的反思。

三、教学反思的层次和水平

高校思想政治理论课教学反思存在的主要问题之三，是教学反思的总体层次和水平还不高。其主要表现如下：前反思多于反思，感性水平的反思多于理性水平的反思，非组织性的反思多于组织性的反思。

（一）前反思多于反思

处于前反思水平的教师关注最多的是程序性的和技术的问题，即如何利用最好的教学方法和技巧，在最短的时间内，使教学获得最大的效果，以实现教学目标，也就是教师所关注的是"怎么教学""面临问题应该怎么处理"的问题。从这一标准来看，目前有相当多教师的教学反思处于前反思水平，还有待于从前反思水平提升到反思水平。

（二）感性水平的反思多于理性水平的反思

感性水平的教学反思，在反思的技术维度上，就像斯巴克斯·兰格所指出的那样：对教学事件不做解释，或用门外汉的语言对教学事件进行描述，或用教育学的术语给教学事件简单地贴标签；在反思的内容维度上，它主要根据直观感觉或常识经验来描述和判断教学，而较少关注"为什么"和"应如何"的问题。应该说，目前思想政治理论课教学反思在相当大的程度上仍处于感性水平。

（三）非组织性的反思多于组织性的反思

从反思的组织化水平来看，尽管有学者认为反思是"教师独自的活动，不需要交流，是教师个体的自我内部对话过程"，但更多的学者认为"反思需要有一个活动共同体，在其中教师们共同反思……反思是一种社会性、公共性的活动，培养教师反思能力的最好方式是教师以及研究者之间的合作"。由于前述教学反思共同体意识还不够，思想政治理论课教学反思的组织化水平还不高。

第三节　高校思政理论课教学反思水平的提升

奥姆罗德指出，教师必须愿意反思和批判性地分析自己目前的假设、推论及教学方法，好的教师会承认自己会犯错，并且他们会相应地调整自己的信念和策略。这里所强调的主要是反思意识。其实，教学反思水平的提升涉及方方面面的因素，如增强反思意识、把握反思对象、讲究反思方法、优化反思环境等。本节仅就如何把握教学反思的对象进行简要阐述。

一、把教学的教育性作为教学反思的首要对象

思想政治理论课教学反思关键要反思什么？应该说，教学的一切要素、环节和方面都是应该反思的对象，但就思想政治理论课教学而言，必须把教学的教育性，即教学是否坚持了教育性原则、是否体现了思想政治理论课的课程属

性作为教学反思的首要对象。这是由思想政治理论课教学的本质属性所决定的，也是由当前思想政治理论课教学过程中存在的娱乐化现象所决定的。

（一）反思教学吸引力与教学引导性的关系

教学要有吸引力，要能引起学生的兴趣，促进学生思考。但教学吸引力的来源有很多，如理论本身的魅力和价值，教学过程逻辑性强、引人入胜，教学素材富有典型性和启发性，教学语言具有亲和力和感染力等，从这几方面增强教学吸引力是有效的方式方法。但有一类方式方法是必须审慎的，如一味地运用趣味性、故事化甚至娱乐化的素材和方法来博取学生一笑；过于依赖新奇、搞怪、感官刺激强的音视频材料来博取学生的关注等。还有一类方式方法则是必须明确反对的，如运用格调低俗或偏离教学目标的材料来吸引学生注意力的做法。因此，教师要处理好教学吸引力与教学引导性的关系，始终把教学引导性放在首位，以教学引导性来审视和规范教学吸引力。

（二）反思学生"喜欢听"和教师"必须讲"的关系

教学必须考虑学生是否喜欢听，能否听得懂和听进去。但这并不意味着学生喜欢听什么，教师就讲什么，也并不意味着教学要盲目地跟着学生走。学生喜欢听和教师必须讲两者之间是辩证统一的关系。例如，"马克思主义基本原理概论"必须讲清楚自然、社会和思维发展的普遍规律，讲清楚资本主义发展及其转变为社会主义以及社会主义和共产主义发展的普遍规律；"毛泽东思想和中国特色社会主义理论体系概论"必须讲清楚马克思主义中国化理论成果的各个主要观点和主要论断的时代背景、理论逻辑、实践基础和价值指向等。考虑学生是否"喜欢听"，不是指以学生的好恶来裁剪教学内容，而是指教学要接地气，用生动的语言诠释理论的魅力。正如王炳林所指出的那样："如何把思想政治理论课讲得有感染力和吸引力？既要靠科学的理论、真理的力量征服人，又要靠生动的方式吸引人。如果一节课都没有几个亮点，没有几个生动的例子，那么学生听课时间长了就很可能玩手机或干别的了。讲好故事不是任意发挥，不是什么热闹讲什么，而是需要精心地做好教学设计。要根据教学内容，精选适当的事例、动人的故事和学生喜闻乐见的一些语言来讲授，把真正能够揭示深刻道理的事件和人物活动生动地展示出来，让学生有感悟、能回味。"①

---

① 王炳林.教师是上好思想政治理论课的关键所在 [J].思想理论教育导刊，2017（1）：14-18.

（三）反思"激趣"的方式方法的合理性

把教学的教育性作为教学反思的首要对象，要求我们认真反思在教学中所采用的激发学生学习兴趣的方式方法的合理性。应该认识到，学生对于理论的学习兴趣是需要培养的。教师要善于以直接兴趣入手来培养学生的间接兴趣，以外部动机入手来激发学生的内在动机，有意识地提升大学生的兴趣水平和动机水平。直接兴趣往往由物质功利或带有情绪感染力并能引人入胜的事物或活动引起，它容易被激发，但具有不稳定性；间接兴趣由对学习材料的意义和学习结果的价值领悟而引起，具有恒久性。与此相联系，由新异刺激或外部奖励等所激发的外在动机虽然对于引起学习注意和兴趣具有一定意义，但也是不深刻的，必须更加重视内在动机的作用。教学反思要着重思考是否注重提升学生的学习兴趣水平和动机水平。

（四）反思如何发挥教学引领作用

把教学的教育性作为教学反思的首要对象，还要求教师认真反思在教学中是否善于察觉学生的不全面甚至错误观念，并努力用科学的理论和观点武装学生的头脑，从而发挥好思想政治理论课的思想引领作用。在教学中，教师必须准确把握学生头脑中存在的各种前教学观念、朴素观念、直觉观念或错误观念，并努力加以改变和引领。我们必须承认，学生会带着许多错误的观念进入课堂，学生的错误观念体系是学生个体生活经验和自己对世界加以观察的结果。然而，在获得科学的观念体系之前，这些错误的观念一般难以被察觉。这些错误的观念会影响学生理解教师和教科书所提供的信息，影响学生的整个学习过程，常常成为教学难点产生的原因。因此，教师要认真反思用科学理论引领学生思想发展的经验与成效。在教学活动中，应该重视学生头脑内部的认知结构，了解学生的知识、经验状况及思维习惯，特别是要了解学生已有观念中那些不全面甚至错误的观念。学生认知结构中的错误观念势必妨碍学生正确认识和理解相关的新知识和新观念，以致形成新的错误认识和错误观念。对教师而言，如何发现学生头脑中那些不全面的甚至错误的观念，采用何种教学方法帮助学生把那些不全面的、错误的观念转变为科学的观念，是一个迫切需要解决的问题。对此，教师要有自觉意识，并把教学的教育性作为教学反思的首要对象。

二、把教学质量和教学水平作为教学反思的核心对象

教学反思的目的之一是提高教学质量。思想政治理论课教学反思要把教学质量和教学水平作为反思的核心对象，树立教学质量意识。

（一）科学地把握教学质量和教学水平的内涵

衡量教学质量和教学水平的标准有很多，其中，美国教育家比格关于教与学的水平的思想对于我们把握教学质量的内涵具有重要参考价值。比格把教学的水平划分为四类，即自主发展水平、记忆水平、说明性理解水平、探究性理解或反映的水平，每一种水平的教学都有其教育管理学和教育心理学基础。

在比格看来，自主发展水平的教学是最低水平的教学。记忆水平的教学一般以心理训练理论或刺激—反应理论为基础，强调对事实和理论的记忆与掌握。"尽管从纯记忆水平的教学中是很难得到许多持久的或有用的结果的，但要假定一个教师能够经常避免它，必然是不现实的。在任何通常的学校情境中，有时甚至连最富于想象力的教师也没有比记忆水平的教学更好的办法。"记忆水平的教学的最大弊端在于，在这里，教师缺乏对记忆材料的意义的阐明，因此学生对教学内容缺乏应有的兴趣。学生"对学科感到没有意义，不是由于学生智力上的缺陷，而是因为人类心理活动的方式使如此组织和教学的学科对他们很少产生意义"。因此，教师要善于使教学从记忆水平提升到理解水平。

说明性理解水平和探究性理解水平，都是教学的理解水平，其差别在于理解的获得方式不同。比格指出："当教师把理解教给学生时，全班是在说明性理解水平上操作。当学生和教师通过共同探究去发现理解时，这个班才是在反映或探究性理解水平上操作。""说明性理解水平的教学，就是试图教学生认识概括和细节之间，即原理和单个事实之间的关系，并提示可能运用这些原理的种种用法。"说明性理解水平的教学通常强调新旧知识之间的内在联系，强调一般原理与个别事实之间的关系，强调通过讲述、演示、指导、奖惩等方法，采用记忆和理解的方式，把事实和原理传授给学生。这种教学水平也致力于学生的理解，但是这种理解主要是通过教师的讲授而形成的，比较缺乏学生的顿悟以及对获得知识的方法的学习。在探究性理解水平的教学中，学生形成好奇、探究、坚持和精细加工等理智活动的习惯，这些习惯"和题材本身一样重要"。探究性理解的教学有助于形成更有批判性的和更深入的以及对新颖的和独创的思想更加开放的课堂氛围。

（二）科学把握"理解"的多方面含义

致力于学生的理解，这已成为教师的一种共识。但对于什么是理解，需要我们深刻认识和反思。只有把握"理解"的多方面含义，教学才能真正从记忆水平上升为理解水平。

"理解"一般被理解为懂得原理、把握特点、明确性质、领会意义等。比格认为，"理解"具有多方面含义。首先，"理解"意味着懂得特殊与一般的关系，即"看出单个事实与一般原理的关系"。单个事实的知识，只有当学生看出它是怎样包含在一般原理之中的时候，才意味着被理解了，它才具有实际的教育意义。其次，"理解"意味着懂得事实与价值、事物与功能的关系，即"看到任何一个物体、过程、思想或事实能够用来实现某种意图或目标"，"看到某种东西是做什么用的"。最后，"理解"意味着懂得一般与特殊的关系以及它同事物的价值与意义之间的联系，即"在学习一般原理以及与一般原理相关的具体事实时，了解它们是怎样同构起来为达到某种目的服务的"。也就是说，任何事物都处于一般与特殊的关系网络之中，一般原理和具体事实总是在一定的同构关系中显现它们的功能。这种水平的理解，比格称之为"机能性的理解"，这近似于一种经过概括的意义或"顿悟"。可见，"理解"不是平面化的，而是立体的、有层次的。

在教学中，学生理解一个原理，这意味着什么呢？比格认为，这意味着学生能够做到以下几点：①用自己的话陈述它；②列举关于它的一个例子；③在各种各样的外表和情况下认识它；④辨别可能代表它的行为或不能代表它的行为；⑤了解它和其他原理或概括之间的关系；⑥明白它可能有的用途；⑦在各种各样的情境中运用它；⑧预料应用它的结果；⑨陈述一个和它相反的原理。

（三）把对教学质量的反思变成一种习惯

教师不仅要增强教学反思意识，自觉反思自身的教学理念和教学行为，而且要自觉反思教学质量，自觉把对"教"的反思和对"学"的反思结合起来，把对教学质量的反思变成一种习惯。

同时，教师要反思自己的教学活动处于一种什么样的水平，如何把教学从记忆水平提升到说明性理解水平，进而从说明性理解水平提升到探究性理解水平；要反思自己的教学活动是否促进了学生的理解，如何使教学从形式的规范化和趣味性提升到实质的理解的水平；要反思教学是否完成了教学任务，是否完成了教学目标，是否实现了教学价值，如何从实现教学的知识目标提升到知识目标、情感目标和认知目标的统一，从而切实提高学生运用科学理论来观察和思考问题的能力，切实培养学生对马克思主义理论和当代中国实践的积极情感。教师只有把这样一种教学反思变成自己的日常生活习惯，才能真正提高教学能力，增强教学实效。

三、把教学方法的效果作为教学反思的重要对象

思想政治理论课教学反思要把教学方法的效果作为反思的重要对象，将对方法的反思和对教学方法效果的反思结合起来，自觉走出为方法而方法的误区，树立教学方法有效性意识。

（一）自觉反思运用教学方法的科学性

在运用教学方法的过程中，要自觉反思是否存在为方法而方法的倾向，是否努力做到理论与实践、传授知识与培养情怀、传统教学方法与现代教学方法的有机统一，是否认识到任何一种教学方法可能存在的局限性，是否科学地把握了教学方法与教学理论、运用教学方法的能力与全面教学能力之间的关系。

（二）自觉反思教学方法的运用效果和改进策略

以比格对问题式教学法的反思为例。在教学反思时，我们不能停留在是否使用了这一教学方法，也不能停留在运用问题式教学法的操作方式，而是要深入思考这一教学方法的实效性及其影响因素和改进策略。比格指出，以问题为中心的教学常常失败，是因为教师所选择的问题，从心理学的意义上说，并不是真正的问题，而学生不会被"别人的"问题激发起来。因此，要善于把学科教学中教师关注的重要问题转化为学生自己的问题。可见，开展教学方法的反思，关键是要深入思考某种教学方法成效大小的原因与策略，就像比格所分析的那样，关键是要把教师关心的问题转化为学生自己的问题，使学生有真正的智力卷入和学习心向，使教师创设的问题情境融入学生的心理空间。具体的策略如下：首先，创设"争论性问题"，因为争论"是任何真正以问题为中心的教学的一个十分重要的方面"。其次，通过运用题材的转换，介绍一些使人困惑的资料，允许学生犯错误和帮助学生把社会的问题变成个人的问题等技巧，以及运用"一个有效的引起思考的提问"，使学生认识他们思想中的矛盾和不足之处，从而激发其进行思考与探究。比格对问题式教学法的反思，为我们开展教学方法反思提供了一个较有参考意义的范例。

（三）反思教学方法产生效果的条件

任何教学方法要产生实效，都需要一定的条件，其中最重要的条件是，

要发挥学生的能动性，让学生充分体验到思考的价值与喜悦。无论我们运用什么样的教学方法，没有学生的能动状态，没有学生对智力成就的价值和喜悦的体验，就不可能有良好的效果。"使听者仅仅处于被动状态，并强迫他痛苦地否认自己活动的一切方式，本身就是使人厌恶或感到受压抑的。所以一种连贯的讲课必须通过使学生始终保持急切的期待心理来激发学生，或者，假如教育者在什么地方不能做到这一点，那么他就不能把讲课连贯下去，而允许学生穿插意见打断教学，或者由自己启发学生穿插意见。教师必须在确保正在进行的工作能顺利进行下去的范围内，给学生最大限度的自由，这种方式是最好的方式。"所以，要将对教学方法效果的反思与对教学方法产生效果的条件的反思联系在一起。

四、把教师的教学能力作为教学反思的关键对象

教学反思的重要目的是提升教师的教学能力。思想政治理论课教学反思要把教师的教学能力作为反思的关键对象，既要做对象反思，也要做自我反思，自觉把对象反思和自我反思统一起来，思考思想政治理论课教师的角色要求、素养标准和能力结构，努力提升其全面教学能力。

（一）自觉反思思想政治理论课教师的角色要求

不同的社会角色，有不同的角色要求。思想政治理论课教师的社会角色，一方面意味着教师要认同和践行高校教师的共性角色要求，如立德树人、教书育人，或具备像罗杰斯提出的基本特质：①信任感：充分相信学生的潜能；②诚实：表里如一，真诚待人；③尊重他人：重视学生的经验、情感和意见；④同情心：洞察学生的内心世界，设身处地为学生着想，给学生以非条件积极关注。另一方面意味着教师要认同和践行高校思想政治理论课教师的个性角色要求，如对马克思主义理论真学、真懂、真信和真用等。

（二）自觉反思思想政治理论课教师的素养标准

思想政治理论课教师不仅要具备深厚的知识功底和良好的专业素养，而且要具备与角色要求相适应的政治素养、思想素养、教育教学理论素养和健康人格素养。因此，教学反思要自觉把教师素养标准纳入反思的对象。

（三）自觉反思思想政治理论课教师的能力结构

思想政治理论课教师要有"能力不足"的紧迫感，深刻认识新形势和新任务对于教师能力的新挑战和新要求。教师要通过教学反思，自觉认识和努力弥补自身的能力缺陷，有意识地提高把握课程属性、运用教学规律、应用教学案例、组织教学语言、加强课堂管理以及教学反思等核心能力。

总之，思想政治理论课教师要高度认识教学反思及其重要性，深刻理解目前教学反思中存在的主要问题，自觉提升教学反思的水平。

第八章　高校思政理论课教师教学能力

　　要成为一位优秀的教师，就必须具有完成有效教学所需的各种活动能力。

——斯莱文

　　在全面加强高校思想政治工作的新形势下，研究思想政治理论课教师的教学能力及其发展，成为一个紧迫的理论和实践问题。但是，能力本身是一个十分复杂的领域，正如欧阳康曾经指出的："人的能力及其发展是一个非常复杂的综合性问题。它立足于生理学、心理学、教育学、人才学等具体学科，涉及哲学、政治经济学、科学社会主义和美学、伦理学、社会学等几乎所有关于人的科学。"本章本着"大繁至简"的原则，在分析人的能力的内涵和基本特性的基础上，扼要阐述高校思政理论课教师教学能力要素与结构、培养与提升等重要问题。

第一节　能力与教学能力概述

　　研究高校思想政治理论课教师教学能力的要素与结构、培养与提升等问题，首先要弄清楚能力和教学能力的基本内涵和特性。

一、人的能力的基本特性

　　欧阳康曾深入分析马克思关于能力范畴的哲学界定，他指出，人的能力是"在社会实践中形成而又潜在于主体内部，并在主体和客体的对象性关系中表现出来的客观的能动的力量，是认识能力和实践能力的统一。正是凭借这种力量，主体能够从事有目的、有意识的社会实践活动，并通过这种活动来能动地反映和改变客体，满足自身的需要。也可以说，主体能力是作为主体的人所具有的为了满足自己的社会需要而在一定社会关系中从事对象性活动的内在可能性"。这个概括深刻揭示了人的能力的基本特性。

　　第一，人的能力是人表现和确证自己的社会本质的内在力量，社会性是人的能力的基本特性。人是在具体的社会历史条件下从事实践活动的人，人的本质在其现实性上是一切社会关系的总和，人的能力的产生、发展和发挥都离不开社会历史条件和社会实践活动。在这个意义上，主体能力是人所必须具有的能够表现和确证自己的社会本质的内在力量。

第二，人的能力是人的对象性活动的内在根据，实践性是人的能力的又一个基本特性。人是从事实践活动的具体的人，人的能力既是人同外部世界的对象性关系得以确立的必要条件，又是人同外部世界的对象性活动得以展开的内在根据。缺乏一定的能力，则好比聋人之于音乐和盲人之于绘画，人就不可能同外部世界确立起对象性关系，也无法展开现实的实践活动。在这个意义上，人的能力是人的实践活动的产生以及影响活动的方式、规模、程度、水平和效果的内在力量。

第三，人的能力不是单一要素组成的简单结构，而是多种要素有机结合而形成的复杂整体，是"认识能力和实践能力的有机统一"，整体性是人的能力的重要特性。人的认识能力指主体所具有的能动地反映客体的能力，它包括对客体的反映能力、评价能力和情感体验能力等基本的方面，以无数的具体形式而存在，如感觉能力、知觉能力、思维能力、注意能力、记忆能力、想象能力、语言表述能力、创造能力、预见能力等，主体正是通过它们在观念上反映和把握着多样的客体及其多个方面。人的实践能力指主体所具有的能动地改造客体的能力，它有无限多的具体形式。按客体的类型分，有变革自然客体的物质生产能力，有变革社会客体的社会活动能力，有探索创新的科学实验能力，还有以变革社会思想为目的的精神生产能力等。就人们的活动方式而言，有工具运用能力、技术操作能力、设计规划能力、计划运筹能力、组织管理能力、医疗诊治能力、科研著述能力、教学授课能力等。这每一项又可因对象、目的、作用等的不同而分出若干的类别。可见，人的能力具有复杂整体性。

欧阳康教授的研究启示我们，必须从社会性、实践性和整体性等方面来理解和把握人的能力。这是我们研究教师教学能力的基本的方法论。

二、能力的相关概念辨析

"能力"这个概念存在相关的概念族或概念群，如素质、素养、知识、技能、智力、一般能力、特殊能力等。厘清其间的关系，是我们理解关于教学能力的一些重要问题的必要条件。

（一）素质、素养与能力

作为确证人的社会本质的"内在力量"和确立人同外部世界对象性关系的"内在根据"，人的能力与素质和素养具有内在的联系。人的主体能力的基本要素包括：人本身的自然力，即主体的自然机体中潜在的特殊才能；为主体所掌握并进入主体活动领域的知识；对实现主体活动目标起积极作用的情感和意志。也就是说，人的素质和素养是人的能力的有机组成部分，是人实现一定的目标、完成一定的任务所表现出来的心理特征，当然，三者的指向又各有区别。素质主要指人的先天禀赋如神经系统、脑的特性及感觉器官和运动器官的特点，以及在此基础之上经由后天环境和教育影响所形成和发展起来的内在的、相对稳定的身心组织结构及其质量水平，例如，身体素质中的力量、灵活性、耐受性，心理素质中的个性、倾向性等。素养更多地指由社会生活和实践而获得的具有相对稳定性的思想和心理特征，如政治素养、道德素养、文化素养、科学素养、人文素养、职业素养等。简言之，素质侧重于指向人的解剖生理和心理特质，素养侧重于指向在素质基础上所形成的具有社会性品质的思想和心理特征，而能力则指向人的对象性活动所需要和所表现的素质和素养因素的总和。

（二）知识、技能与能力

知识是人类探索自然、社会和人自身所形成的一切结果的总和，包括经验知识和理论知识。知识本身不是能力，但为主体所掌握并进入主体活动领域的知识是能力的有机要素。主体所掌握并运用于活动领域的知识越多，他的能力就越高，反之则越低。主体运用一定的知识和经验从事特定的活动，经过反复训练达到一定的熟练程度的能力就是技能，包括动作技能、智慧技能和认知策略等。

（三）一般能力和特殊能力

在心理学中，一般能力又称为基本能力，通常是指在各种认知活动和社会交往活动中必须具备的能力，包括认知能力、元认知能力、情感能力和意志力等。人的认知和交往活动主要包括感知、注意、记忆、言语与思维等理性方面，以及兴趣、动机、情感、灵感、直觉、顿悟等非理性方面。人的认知和交往活动中的这些方面所具有的类型和品质就是心理素质或心理能力，包括感知的客观性、准确性、稳定性、全面性；注意的稳定性、持久性、广度和分配；记忆的准确性、牢固性、快捷性和持久性；言语的敏捷性、逻辑性、深刻性和流畅性；思维的敏捷性、创造性、辩证性和认知策略的简捷有效性；非理性因素的丰富性、稳定性和社会性水平等。由于人的活动不是孤立的，而是社会性的活动，所以人的活动在一定意义上都是社会交往活动。人在社会交往活动中所需要的社会知觉、社会情感以及动机和态度等方面的特点和水平，包括社会知觉的准确性、客观性，社会情感的丰富性与社会性水平，动机体系的完整性和社会属性，以及态度的积极性等，也是人的一般能力的重要因素。特殊能力则是指人完成某种特殊活动或专业活动所必须具备和表现出来的能力，包括一般能力在特殊活动领域中的转化和呈现，以及在禀赋与后天学习实践基础上产生的优势能力，如微辨识能力、快速心智运算能力以及与某种特殊操作相联系的动作体系。

综上所述，人的能力是人作为活动主体顺利完成活动任务、活动目标所需要和体现的全部主体力量的总和，包括人的自然力、为主体所掌握并进入活动领域的知识，以及对实现主体活动目标起积极作用的情感和意志、素质和素养等。

三、高校教师教学能力

根据能力的一般含义，我们认为，高校教师教学能力是教师履行社会职责、完成教育教学任务所需要的力量的总和。高校教师作为一种社会角色，有其基本的职责和义务，履行好这些职责和义务所需要的主体力量就是教师能力，教学能力是教师能力的核心。

（一）教学能力与教师职责

教学能力是与教师职责联系在一起的，或者说教学能力这个概念是在履行教书育人的核心职责的意义上被定义的。因此，把握教师教学能力，必须理解教师职责。教师职责的核心是教书育人，教书育人是教师全部社会职责的根本。

英国学者雷德芬认为，教师职责主要有以下七个方面。

1. 规划与组织

教师在规划与组织方面的职责包括：做出短期和长期的规划；调整个人的目标，使它与学校和学区的目标相一致；坚持规划中成长和发展的各项原则；对掌握各项技能做出时间顺序的安排；做出诊断和评定学生个体需要与进步的方案；对个体差异做出安排；积极地与他人合作；有效地管理时间；精心组织各项活动；保持精确的记录；注意影响学生健康和安全的条件；组织有关工作，使其他教师能以学生学习损失最小的方式发挥作用等。

2. 激励学生

教师在激励学生方面的职责包括：通过积极的反馈、表扬和奖励激励学生；对学生的需要、态度、理智和学习方式做出反应；开展对学生富有挑战性的各项学习活动；为学生提供各种以音乐、戏剧等文艺形式表达情感的机会；促进学生参与课堂讨论和活动；帮助学生在社会和理智方面得到满足的经历；把学生在校内的成就和校外的生活联系起来等。

3. 和学生的关系

教师和学生的关系方面的职责包括：收集关于学生的信息，并为之保守秘密；表达对学生个体的关心；为学生个体或群体提供咨询；创设开放的氛围，使学生能表达他们的观点；帮助学生形成积极的自我概念；帮助学生为自己确定现实的目标；对学生的需要保持敏感；表达对有个人问题的或残疾或有心理障碍的学生的关心；鼓励学生为更高的成就而奋斗；使学生能为班级做出有益的贡献；利用各种为学生服务的师生咨询资源；创造各种参加学生会议和学生一起讨论问题的机会；指导学生遵守民主的原则；在学生中传播正确的行为方式；在个体范围内处理学生的行为问题；与学生保持良好的关系；在处理学生问题时，要一致和公平；在处理学生问题时，要表现出热情和理解等。

4. 资源使用

教师在资源使用方面的职责包括：对可以利用的资源有明确的意识；充分利用多种类型的资源；充分利用校内资源，以支持学生的活动；充分利用可以利用的资源，为学生个体的需要服务；在选择和利用各种资源时，充分利用专家的资源；有效地使用各种设备和材料等。

5. 教学技术

教师在教学技术方面的职责包括：鼓励学生思考；使用多样化的教学技术；使用多种教学材料；为学生创造性的表现提供机会；帮助学生把经验运用于日常生活；促进课堂讨论；鼓励学生个人兴趣和创造力的发展；帮助学生评价自己的成长和发展；为学生提供发展领导品质的机会；使学生能分担课堂活动的工作；使学生个体和群体坚持交流；在实施教学活动的过程中体现机动性和灵活性；在师生中营造相互尊重的气氛；帮助学生学会独立工作和在群体中工作；提高群体的凝聚力；得心应手地使用反馈信息；掌握学生进步的情况等。

6. 专业成长

教师在专业成长方面的职责包括：参与学校各项政策与工作程序的制定与

实施；和同事保持良好的关系；更新知识，跟踪专业的发展；充分利用各种在职培训的机会；参与校内和系统内的各种委员会；协助开展包括学生管理在内的各种课外活动；和本专业的同事交流各种学术观点；在评价教育方案的有效性方面，和同事交流看法；常向老教师、学科负责人、部门负责人、顾问及专家咨询；善于运用各种机会，向家长及社区有关人士解释学校的教育方案等。

7. 与家长的关系

教师在与家长的关系方面的职责包括：善于请家长协助学校的活动；鼓励家长访问班级里的学生；组织各种建设性的家长会议；善于向家长解释各种学校方案；重视与家长积极的接触；保守与学生家长关系的秘密等。

雷德芬的教师职责观涵盖了教师在教学、育人、管理、服务以及自身专业发展等方面的职责和义务，是以帮助和促进学生成长为核心的职责群，充分体现了教师职业的精神气质，对于我们全面把握教师职责和教师能力具有重要启示。从履行教师职责的角度所理解的教师能力，最关键的是教书育人的自觉、促进学生成长的人文情怀、建构良好师生关系的意识，以及激发学生能动性和教师专业成长的视野和胸怀。

（二）教师教学能力的基本含义

毫无疑问，教学能力是教师能力的核心。那么，什么是教师教学能力？《教育大辞典》对教学能力的定义如下：教学能力是教师为完成教学目标、顺利从事教学活动所表现出的一种心理特征，由一般能力和特殊能力组成。一般能力指教师在教学活动中所表现出的认识能力，如了解学生学习情况和个性特点的观察能力；预测学生发展动态的思维能力等。特殊能力指教师从事具体教学活动的专门能力，如把握教材、运用教法的组织管理能力；完成某一学科领域教学活动所必备的能力。全国十二所重点师范大学联合编写的《教育学基础》认为，教育教学能力是教师在教育教学活动中所形成的顺利完成某项任务的能力和本领，包括教学设计能力、表达能力、教育教学组织管理能力、教育教学交往能力、教育教学机智、反思能力、教育教学研究能力和创新能力等。

陈玉琨曾结合教师职责及其评价，提出"好教师必备的"五方面能力：①与学生形成良好关系并使之与教学任务联系起来的能力。教师与学生有良好的沟通关系；了解每一个学生的经历和特长，以及这些经历和特长对学习的影响；能敏锐地感受到学生个体的特殊需要。②激励学生积极参与教学活动的能力。善于鼓励学生在各种场合发表自己的意见；能容纳不同意见；能经常性地为学生提供反馈信息，以鼓励他们学习中的每一点进步；善于组织学生参与课堂上的讨论等活动。③明确地表达自己思想的能力。思维清晰，逻辑性强；语言深入浅出，形象生动。④最大限度地利用有关资源的能力。能有效地利用各种现代化教学设备；能有效地利用各种信息资源，及时了解本学科当前的发展动态；能有效地利用人际资源，帮助学生开展社会调研等各项活动。⑤适应新情况的自我判断能力。能根据教学工作的变化，及时发现自己的不足，调整自己的知识结构和能力结构；能根据课程改革的需要，调整自己的教学重点；能从学生学习的进展中，发现自己教学中需要改进的地方，并迅速地完成自己的目标。

　　总之，教学能力是为教学实践所要求、在教学实践中所表现的，教师顺利履行教育教学职责的力量和本领。

第二节　高校教师教学能力的观点和模型

　　近年来，国内学术界提出了诸多关于高校教师教学能力的观点和结构模型，基本上都是基于教师教学职责和教学活动来阐释教学能力的要素和结构。现就几种有代表性的看法进行简要介绍。

一、综合能力视野下的教学能力观

　　国内学者徐继红按照"理论构想—实践验证—修改完善—模型诠释"的步骤，运用定性分析和定量分析相结合的研究方法，提出了由21项指标构成的"高校教师教学能力评价量表"。

　　徐继红提出的"高校教师教学能力评价量表"中，教师教学能力由专业建设、课程与教学技能、基本知识、职业态度、个人特质五个项目构成，每个项目包含若干个指标。这个模型将基本知识、职业态度、个人特质等作为教学能力的有机组成部分，反映了高校教育教学实践对于教师教学能力的基本要求。不过，其二级指标缺乏逻辑严谨性，在权重上对教学知识和个人特质的赋值偏低。

二、教学学术视野与教师专业化视野中的教学能力观

　　美国当代著名教育家博耶指出，20世纪中叶以来，大学的科研功能不断强化，科研和著述决定了教师晋升和终身教职的获得，教师在科研和教学之间选择了前者，这导致大学工作重点与培养人才的使命不相符合，教师对整体性的

大学工作的忠诚被割裂，有效教学缺乏保证。[①]针对大学科研与教学工作的失衡以及高等教育功能失衡的现象，博耶提出了"教学学术"的概念，将教学纳入学术范畴，并产生了一种新的教学能力观。

博耶认为，教学学术是指一种通过教学来传播知识的学术，主要包括：教师有效地呈现学科知识，并根据一定的目的把不同领域的知识有条理地组织起来，使学科对学生来说更易接受、更有意义地掌握等。从教学学术的视野来看，教学能力是教师认知、理解、掌握和运用教学学术开展教学实践和研究的能力，即识别、提取和解决如何有效开展课程知识的选择与组织（课程与教学设计）、教学内容的呈现与传递（课程与教学实施或课堂教学）、教学效果评价（课程与教学评价）以及对整个知识传递过程的反思、监控和改进等方面的教学问题而形成的实践与研究两方面的综合能力。博耶以"教学学术"为核心来建构教学能力，其目的之一是重构学术观以解决大学科研与教学之间的矛盾。

在某种意义上，博耶的"教学学术"概念类似于奥姆罗德所说的"教学内容知识"（PCK，有学者另译为"学科教学知识"），或者我国一些学者所说的学科教学法知识或课程教学法知识，或者如张应强所说的"教育专业知识"。在博耶的教学能力体系中，教学能力就是教学学术能力。

博耶所说的教学学术能力与我国学者所说的教学学术知识、教师专业知识等具有异曲同工之妙。从教师专业化角度来看，目前，我国高校教师在学科专业能力方面一般都能达到大学教学需要的水平，而教育学、心理学、一般教学法和学科教学法等教学学术知识和教育专业知识则基本上处于感性经验常识的水平。张应强指出："对大学教师而言，教育专业知识和能力一直是一个被忽视的问题。我国目前的大学师资主要来源于国内外的大学和科研院所，他们大都经历过严格的学科专业训练，获得了学科专业领域的硕士和博士学位，这与中小学教师基本毕业于师范院校的情况大为不同。从总体上看，大学教师缺乏职前、入职、职中、职后的教育专业训练。"如前所述，大多数大学教师毕业于高等学校和科研院所，基本没有经历过教师职业的职前教育；就入职教育而言，目前各高校主要采取青年教师岗前培训方式进行，由于学校和教师本人对岗前培训缺乏必要的重视，很难起到提高教师教学能力的效果；而职中的教育教学知识和能力训练现在基本上不存在了。20世纪80年代的"助教进修班"，曾对改善师资队伍结构，提高教师教学能力发挥过重要作用，但随着高校越来越严重的重科研、轻教学的倾向，以攻读硕士、博士学位为形式的教师进修提高方式完全代替了教师教学能力建设。

---

① 安建强.博耶学术思想的哲学探析[J].人民论坛，2013（2）：210-211.

有研究者专门考察了专家型教师的教师专长，即关于教学的知识和能力或教学法知识，指出教学法知识、教学能力和教学效果三者之间具有密切关联。

美国教育家柏林纳认为，教学法知识包括学科知识专长、课堂管理专长、教授专长和诊断专长四个方面。所谓学科知识专长，不是指学科知识，而是指关于学科内容结构优化的知识，它包括一个组织良好且易于提取的知识实体，如知识的优化组织、关于课程目标和内容的反思等。课堂管理专长是指支持有效教学和有效学习的知识，其作用是为维持课堂教学的进行，营造良好的课堂氛围而采取有效教学管理行为等。教授专长是指完成教学目标所需的教学策略和教学方法的内隐知识和外显知识的总和，涉及计划、监控、控制、评价和应变等，它使教学变得更为流畅和有效。诊断专长是指获得关于全部学生和个别学生的信息状况的方法，这些信息有学习需求、学习目标、学习能力、现有水平等。实际上，柏林纳所说的由上述四个方面构成的教学法知识，同博耶所说的"教学学术"和张应强所说的"教育专业知识"属于同一个范畴。在柏林纳看来，教师的教学法知识、教学能力和教学效果三者直接关联。

可见，无论从高校教育功能的完整性来看，还是从教师专业发展的角度来看，教学法知识都是高校教师教学能力的核心要素之一。综合起来，通俗地说，在教师专业化视野中，教师的教学能力主要表现为三个方面：所教学科的知识（能教）、教育专业的知识和能力（会教）、教育专业精神（愿教），其中的"会教"就是教学法知识。

三、研究型大学教师教学能力结构模型

我国学者许迈进等采用卡麦兹的扎根理论方法，以"民族志"、深度访谈以及文本分析为主要方式搜集数据，通过数据搜集、初始编码、聚焦编码和理论编码等步骤，对教学能力进行质性研究，提出了研究型大学教师教学能力"三维度七能力五十六指标"结构模型。

研究型大学教师教学能力结构体系包含三个维度的能力，即知识内容、教学技能和专业态度，三个维度的能力涵盖七项主能力和五十六项能力表现。

"三维度七能力五十六指标"紧密结合教师的全面职责，建构了"知识—技能—态度"相统一的教学能力体系，为教师教学能力培养和评估提供了具有操作性的工具，是对传统教学能力体系和教学评价体系的一种超越。

第三节　高校思政理论课教师教学能力要素与结构

描述和建构思想政治理论课教师教学能力的要素与结构，必须以关于能力和教学能力的一般理论为参照，立足思想政治理论课教学立德树人的根本任务，把高校教师的一般教学能力和思想政治理论课教师的特殊教学能力有机统一起来。

一、思想政治理论课教师教学能力要素与结构研究综述

近年来，思想政治理论课教师教学能力成为学术界研究的热点之一。围绕教学能力现状与问题、教学能力要素与结构、教学能力培养与提升等，学术界进行了大量探索。这里仅就教学能力要素与结构研究现状进行简要述评。

（一）思想政治理论课教师教学能力要素和结构的代表性观点

张耀灿认为，思想政治教育者应具备四种魅力：一是理论魅力，它是思想政治教育者理论素养的综合体现；二是知识魅力，它是思想政治教育者成功实践的专业基础；三是艺术魅力，它是思想政治教育者教育技能的科学展现；四是人格魅力，它是思想政治教育者增强教育实效的强化剂。张耀灿所说的四种魅力，实际上是教育者的理论素养、专业知识素养、教学法素养和人格素养的外在体现，这是对教师教育教学能力要素的高度概括。

张雷声认为，思想政治理论课教师的素质构成，包括教育科研能力、创新精神、人格魅力和道德风范等方面。其中，教育科研能力是思想政治理论课教师素质构成的基本层面，创新精神是思想政治理论课教师素质构成的重要内容，人格魅力是思想政治理论课教师素质构成的必要方面，道德风尚是思想政治理论课教师素质构成的核心内容。

刘丽琼将思想政治理论课教师的素质构成划分为基础性素质、发展性素质和成熟性素质三个方面。其中，基础性素质是教师素质的底线和基因，包括对马克思主义的坚定信仰、对思想政治理论课教学工作的由衷热爱、对发展自己事业的勤勉谦逊。发展性素质包括深入学习和研究马克思主义理论的执着精神，博采多学科精华完善自身知识结构的强烈愿望，在思想政治理论课教学实践中开拓创新的积极动机。成熟性素质包括成为学识渊博和道德高尚的学习楷模、

思想政治理论课教学的艺术大师、学科研究独树一帜的领军人物的各种能力。

有学者借鉴管理学的"胜任力"概念，对思想政治理论课教师胜任力进行了专门研究。陈雪斌认为，高校思想政治理论课教师胜任力，指能将高校思想政治理论课教学工作中表现优秀者与表现平庸者区分开来的个人潜在的、深层次特征，以及能显著区分优秀绩效和一般绩效的个性特征。这些特征包括知识（专业知识、背景知识），技能（动作技能、心智技能），自我认知（自我观察、自我评价），态度与价值观（内在感受、情感与意志、价值取向），个性（个性倾向性和个性特征），动机（心理状态和主观意愿）。陈鸿雁借鉴国内外关于胜任力的研究成果，采用问卷调查法和德尔菲法，建构了高校思想政治理论课教师"胜任力六维模型"，包括政治素养、职业道德、专业知识、专业技能、个人特质、师生和谐六个维度。

王溪运用质性研究方法，从教师身份定位和社会职责入手，提出了高校思想政治理论课教师"四维能力结构"。

（二）思想政治理论课教师教学能力要素与结构研究简评

上述代表性观点，立足思想政治理论课教学实践要求以及教师的社会职责，分别运用定量研究和质性研究的方法，对思想政治理论课教师教学能力体系做了初步探讨。

第一，以上各种观点的共同点如下：把教师的政治素养作为教学能力的重要因素，反映了高校思想政治理论课的课程属性和教学属性，突出了思想政治理论课教师教学能力的特殊要求；力求把知识、素质、素养、能力统一起来，如把个人特质和人格因素纳入能力体系，反映了把握全面教学能力结构的思路。把教学法知识作为教师教学能力的重要因素，体现了高校教师教学能力建模的共同趋势；有的观点把教学能力结构进行了层级区分，如基础性素质和发展性素质的区分，为建立思想政治理论课教师职业准入制度和职业标准奠定了初步的理论基础。

第二，上述观点作为初步探索的结果，尚有一些需进一步完善的地方。一是理论基础方面，素质、素养、胜任力、魅力和能力之间的关系，需要深入研究；一般教学能力与思想政治理论课教师特殊能力要求之间的关系等，也需要深入研究。二是在能力要素的简洁性与完备性、表述的科学性与严谨性等方面，有的观点对于能力要素的概括很简洁，但欠完备；有的观点比较完备，但不够简洁。有的观点在表述与分层方面，需要进一步提高逻辑性和严谨性。例如，在

"胜任力六维模型"中，维度六"师生和谐"和其他维度不属同一个层面；"师生和谐"和维度五"个人特质"的具体要素之间的关系不够清晰。三是在能力要素的提取方面，从活动论的角度理解能力的意识不够明确，导致罗列多于有条理的分析。四是在能力要素的维度上，有的研究将提取出来的同层次或同类别的项目称为多维，其实是一种误解。如"四维能力结构"和"六维模型"其实是一个一维模型。作为几何学及空间理论的基本概念，"维"表示事物存在的向度，直线只有一维即长度，平面是二维空间即长度和宽度所形成的面，立体构型是三维空间即长度、宽度和高度所构成的体。作为思维的基本概念，"维"表示人们观察、思考与表述某种事物的思维角度。同层次或同类别的多项事物集，其实只是一维。例如，在教学能力要素中，政治素质、知识素养、人格素养等都是同一个维度上并列的项目，项目的增加，例如，增加一项道德素养，只是教学能力在同一个维度上的构成内容的拓展，它并没有增加维度。至于不同层次的能力要素，如知识素养与教学法知识素养，就更不是不同的维度了，教学法素养其实是某个维度上知识素养这个项目的一个子项。可见，要深入探究思想政治理论课教师教学能力，还需要在理论基础和研究方法以及科学性和严谨性等方面不断努力。

二、高校思想政治理论课教师教学能力二维结构模型

我们尝试在吸收和综合已有研究成果的基础上，构建一个由"教学能力要素"和"心智操作方式"两个维度构成的高校思想政治理论课教师教学能力二维结构模型（简称"能力要素—心智操作二维模型"）。

（一）"能力要素–心智操作二维模型"的基本思路

1. 从活动论的角度理解能力和教学能力

在活动论的能力观视域下，教师的教学能力不是各种能力要素的简单罗列，如思想政治素养、学科知识素养、多媒体技术，也不是心智操作方式的简单罗列，如观察能力、思维能力、表达能力，而是教师在教学实践活动中，在师生双边活动中，在处理和把握教学目标、教学内容、教学过程、教学评价的过程中所激活和运用的各种素质和素养的能动力量。离开了素质和素养，不可能有教学能力；离开了心智操作方式，同样不可能有教学能力。教学能力是教师个体的能力要素和心智操作的有机结合。其中，教师个体的素质和素养是教学能力的基础，心智操作是教学能力的构件，离开了其中任何一个方面，都不是现

实的能力。例如，教师具有丰富的学科专业知识，但如果没有组织和运用学科知识的心智操作，那么学科专业知识就不可能转化为实际的教学能力。苏霍姆林斯基曾指出："教师要会正确地判断教学大纲中的'重点'知识，并要有运用知识的能力。思维和智力的发展，取决于'重点'知识是否巩固。这种'重点'知识，就是反映事物特性的重要结论、概括、公式、规则、定律和规律。"其中，分析知识的内容、判断教学大纲的重点等，就是对学科专业知识进行认知和组织的心智操作。可见，一个教师哪怕具有丰富的专业知识，如果没有对知识的分析和判断、组织和运用，那么这些丰富的专业知识本身也不可能转化为实际的教学能力。

事实上，在课堂观察中，我们发现，有的教师知识很渊博，但不善于组织和运用知识以完成教学目标；有的教师有较高的政治素养，但不善于发掘教学素材的教育意义。这表明，教学能力离不开专业知识和政治素养等要素，但它们本身并非现实的教学能力，教师的专业知识、政治素养等能力要素只有被教师激活并通过一定的心智操作进入教学过程之中，才能转化为实际的教学能力。因此，建构教学能力模型，必须在能力要素和心智操作之间建立一定的联系，这样才能描绘出一幅有意义的教学能力图景。

2. 从实践性、现实性和可操作性的角度建构教学能力结构模型

人的能力要素无限多样，人对能力要素的心智操作也多种多样，因此，不可能以枚举或罗列的方式来建构相对完备的教学能力体系，而必须遵循实践性、现实性和可操作性等原则。实践性是指立足思想政治理论课教学的目标、任务及其对人的能力需要，现实性是指面向当前思想政治理论课教师能力结构的薄弱环节，可操作性是指对教学能力培养和提升的可操作空间。只有遵循实践性、现实性和可操作性等原则，在无限多样的能力要素和心智操作方式中，探寻最核心、最关键和最紧迫的要素，并据此建构教学能力结构模型，才能显示出它的实践意义。按照这样的思路，我们尝试提出这样一种假设模型，该模型将思想政治素养、专业文化素养、教学理论素养、教育技术素养、表达交往素养以及教师的人格素养等作为能力素养维度的内容，将教学活动中的认知、情感、运用和元认知等作为心智操作的形式，通过教学能力要素与心智操作形式的组合，来建构思想政治理论课教师教学能力结构模型。

（二）"能力要素－心智操作二维模型"假设的框架

"能力要素—心智操作二维模型"假设是教学能力要素和心智操作方式所组合而成的24项能力的结构。

（三）"能力要素—心智操作二维模型"各项能力的内涵

能力1：对课程属性及其基本要求的认知能力。认识思想政治理论课课程属性对于教师思想政治素养的要求；认识思想政治理论课同各门专业课和人文素质教育课之间的主要区别；认识自身的思想政治素养。

能力2：对课程属性及其基本要求的体悟能力。自觉认同、积极内化和主动趋向课程教学对教师提出的思想政治素养方面的要求；对自身符合教学要求的思想政治素养和思想行为产生积极的自我效能感。

能力3：对课程属性及其基本要求的践行能力。在教学目标的设立、教学内容的组织以及教学素材的选用等方面，充分体现思想政治理论课的课程属性，突出教学的育人功能，引导学生运用马克思主义立场、观点和方法分析问题、解决问题；科学处理思想政治理论课同各门专业课和人文素质教育课之间的关系，在教学目标、教学内容和教学价值取向上不跑偏。

能力4：对认知、体悟、践行课程属性的反思能力。深入反思关于课程属性对教师思想政治素养要求的认知情况；反思教学中把握课程属性、坚守教学教育性原则的情况；反思自己的思想政治素养，包括政治立场、政治情感、政治倾向和政治纪律性等。

能力5：对课程教学与专业素养关系的认知能力。认识和理解教学目标、任务对于教师专业知识结构提出的要求；认识和理解所教课程专业知识的科学性、价值性和整体性；认识和理解所教课程专业知识的基本结构与核心要义，做到对马克思主义理论的"真懂"；认识和理解课程教学对教师提出的掌握专业知识以外其他学科领域的相关知识，尤其是其他思想政治理论课相关知识的要求。

能力6：对课程教学与专业素养关系的体悟能力。自觉认同、积极内化和主动趋向课程教学对教师提出的专业知识结构和文化知识素养方面的要求；认同和体验所教课程知识的科学性、真理性和整体性及其教育价值，做到对马克思主义理论的"真信"；对自己在教学中能够适当地运用相关学科知识感到满意，并产生积极的自我效能感。

能力7：对学科专业知识的组织和运用能力。掌握课程教学的重难点以及课程的要旨要义；自如地组织和运用专业知识，体现马克思主义理论的科学性、整体性、逻辑性和教育性，做到对马克思主义理论的"真用"；对课程教学领域内相关的重大理论和现实问题能做出比较透彻和有说服力的阐释；能自如地组织和运用相关学科知识，多角度分析问题，体现教学的丰富性和透彻性。

能力 8：对认知、体悟、运用专业知识的反思能力。自觉反思自己的学术观点、学术立场和专业知识结构；自觉反思组织与运用专业知识开展教学的情况；自觉反思能否自如和恰当地组织与运用综合性知识尤其是其他思想政治理论课的相关知识；自觉反思自身与教学相关的综合性文化知识水平。

能力 9：对课程教学与教学理论素养关系的认知能力。认识课程教学对教师教学理论素养的要求；认知教学法知识对于课程教学的意义；认知教学基本理论包括教育学、心理学、教育心理学、教学论、学习理论等相关教学法知识的掌握程度和水平；理解教学规律、教学原则以及教学方法的理论基础和运用规范。

能力 10：对课程教学与教学理论素养关系的体悟能力。体悟和认同教学法知识对于课程教学的意义；对学习教学法相关理论和知识有肯定性情绪、积极态度和主动心向；对学习和运用教学理论的过程和结果具有自我效能感。

能力 11：运用教学理论和识别失范教学行为的能力。熟练运用教学理论来指导教学内容的组织、教学方法的使用、课堂管理与激励、学习评价等教学活动，自觉避免教学的盲目性；根据教学目标、教学内容和学生实际，有效运用各种教学模式和教学方法；自觉识别和纠正自己和他人在教学中出现的不符合教学规律和教学法原理的行为。

能力 12：对认知、体悟、运用教学理论的反思能力。自觉反思自身对各种教学理论和教学方法的理解水平，自觉反思运用教学法理论和知识来组织课堂教学的科学性、合理性和实效性。

能力 13：对课程教学与教育技术素养关系的认知能力。认知课程教学对于教师教育技术素养的要求；认知教育技术手段应用于课程教学的可能性空间与局限性；熟练掌握基本的教育技术，如 PPT 制作、微课程等网络课程建设与开发、网络教学资源开发；认知基于现代教育技术的教学模式；认知自身的教育技术水平。

能力 14：对课程教学与教育技术素养关系的体悟能力。体悟和认同教育技术对于课程教学的意义；对学习教育技术有肯定性情绪、积极态度和主动心向；对学习和运用教育技术的过程和结果具有自我效能感。

能力 15：恰当运用教育技术的能力。熟练而恰当地运用各种教育技术手段；自觉识别自己和他人对教育技术手段的不恰当运用。

能力 16：对认知、体悟、运用现代教育技术的反思能力。自觉反思自己对教育技术的理解水平；自觉反思自己运用教育技术的水平；自觉反思运用教育技术的合理性、教育性和审美性。

能力 17：对课程教学与表达和交往素养关系的认知能力。认识课程教学对于教师在表达和交往素养方面的要求；认知有效表达和交往素养对于课程教学的意义；认识自己在表达（含言语表达和非言语表达）以及交往方面的特征。

能力 18：对课程教学与表达和交往素养关系的体悟能力。自觉认同、积极内化和主动趋向课程教学对于教师在表达和交往素养方面的要求；对培养提高表达与交往素养的活动持有肯定性情绪、积极态度和主动心向；对有效表达和交往的过程与结果具有自我效能感。

能力 19：有效表达和有序管理课堂的能力。善于运用言语表达和非言语表达艺术，促进课堂教学中理性因素和非理性因素的统一，调节教学节奏，激励学习动力；增强教学的审美性；善于运用交往艺术有序组织讲授课、讨论课、研究课等不同课型的教学；有效组织专题教学、互动教学、案例教学等；合理安排教学过程与步骤。

能力 20：对认知、体悟、运用表达与交往艺术的反思能力。自觉反思自己对表达与交往艺术的理解水平；自觉反思自己运用表达与交往艺术的方式方法；自觉反思运用表达与交往艺术的合理性、教育性和审美性。

能力 21：对课程教学与教师人格素养关系的认知能力。认识和理解课程教学对于教师人格特征的基本要求；认识优秀教师的人格特质；认识自己的个性、性格、兴趣、动机、心态、情绪、能力、行为方式等人格因素。

能力 22：对课程教学与教师人格素养关系的体悟能力。自觉认同、积极内化和主动趋向课程教学对于教师人格素养的要求；对培养、提高人格素养的活动持有肯定性情绪、积极态度和主动心向；对运用积极人格力量增强教学效果的过程与结果具有自我效能感。

能力 23：运用积极人格力量影响教学的能力。善于以自身积极的人格力量增强教学感染力；自觉以热爱真理、渴望知识、关爱学生、心态阳光、情绪饱满、乐群敬业等人格因素潜移默化地影响学生；以积极的情感态度和行为方式建构良好的课堂关系；识别自身在教学中的消极人格因素。

能力 24：对认知、体悟、运用教师人格素养的反思能力。自觉反思自己的人格素养，包括积极因素和人格缺陷；积极地觉察和评价自己在教学中的人格水平；自觉识别和纠正自己和他人在教学中出现的各种消极人格因素和行为方式。

（四）修正的"能力要素—心智操作二维模型"

通过问卷调查、课堂观察以及师生访谈等方法，我们对"能力要素—心智操作二维模型"假设进行检验和修正，进一步提炼出思想政治理论课教师教学能力的四个能力类型和十六个基本能力项。

修正的思想政治理论课教师教学能力的"能力要素—心智操作二维模型"，将教学能力划分为把握课程属性的能力、运用学科知识的能力、遵循教学规律的能力以及增强教学影响的能力四个类别，每个类别提炼出四个能力项，每个能力项解析为若干能力表现，即四类十六项三十个能力表现。这个修正模型更具简洁性、逻辑性、层次性和针对性。

（五）"能力要素—心智操作二维模型"的主要依据

1. 教学能力二维结构模型的必要性和合理性

必须建构二维的教学能力结构模型，一方面是因为如前所述，能力本来就是一个实践论或活动论的概念，是在实践论或活动论的意义上被定义的；另一方面是因为教学能力二维结构模型能够有效地消除一维结构模型的两个突出弊端，即枚举或罗列的不完备性，以及把静态教学能力要素理解为现实教学能力的不充分性。教学能力的二维结构模型以完成思想政治理论课教学目标和任务所需要的关键性的主体能力要素为参照系，以教学过程中教师的基本心智操作方式为构件，它使关于教学能力结构的一维模型发展到真正意义的二维模型，克服了枚举式和罗列式研究的弊端，强化了教学能力结构模型的概括性、容纳性和完备性。同时它把教师能力要素同教学活动的心智操作组合起来，反映了能力的理性的、动力的、操作的和调控的不同侧面，合理地说明了静态的能力素养如思想政治素养、教学理论素养、人格素养等转化为动态的教学能力的机制，为开展教学能力培训奠定了较完备的理论基础，提高了教学能力研究的实践价值。

2. 选择基本能力要素的根据

选择将思想政治素养、学科专业素养、教育教学理论素养、表达与交往素养、教育技术素养、教师人格素养等作为基本的能力要素的原因在本书其他章节略有阐述，这里再进行简要说明。将思想政治素养作为独立的能力要素，体现了思想政治理论课教学能力的特殊要求，即"思想政治理论课教师需要具备政治意识、底线意识、阵地意识、战略意识、历史意识、辩证意识、系统意识、育人意识、学术意识和媒介意识等十大意识"。思想政治素养是思想政治理论课教师教学能力的核心要素。将学科专业素养、教育教学理论素养、表达与交往素养等作为独立的能力要素，则体现了对大学教师教学能力结构的基本要求。对于教学而言，学科专业水平、非专业知识以及教学法知识都具有极为重要的意义。关于非专业知识特别是与课程教学有关的知识的重要性，苏霍姆林斯基有一段精彩的论述，他说："阅读不是为了明天上课，而是出自本性的需要，出自对知识的渴求。……要使教科书成为你的科学知识海洋中的一滴水。……优秀教师教育技艺的提高，正是由于这种经常性的阅读不断地补充了他们的知识海洋。"

将教学研究者提出的"教育专业知识"、PCK、"教学学术知识"等作为教学能力的重要因素，已成为一种共识。正如杜威曾经指出的那样："教师的任务在于了解学生与教育内容之间的相互影响……教师不应该关注教育内容本身，而应该关注教育内容与学生当前的需要及能力之间的相互作用。从这个意义上讲，教师只有学问是永远不够的。事实上，如果教师没有养成一种习惯去关心教育内容与学生本人的经验的相互影响，那么孤立地去看教师的学问或他所熟练掌握的内容，其某些特点反而会妨碍有效教学。"杜威主张，相比教师的专业知识，关于"教育内容与学生经验之间的相互影响"的知识具有更为重要的作用。只有具备丰富的教学法知识，才能有效组织和运用学科专业知识，才能合理地将自身掌握的专业知识与学生的经验结合起来，才能娴熟地运用各种教学模式和教学方法，才能理解教学方法的功能及其局限性，才能避免陷入为方法而方法的误区。

把教育技术素养作为一种独立的能力要素，是社会生活和人际交往信息化、网络化的内在要求。掌握基本的教育技术和恰当地运用教育技术，已经成为高校教师必须具备的一项基本能力要素。例如，PPT 制作、网络课程建设与开发、翻转课堂和慕课教学模式的运用甚至 VR 技术的运用等。这对于促进教学资源共享和增强教学过程的生动性与感染力等，都具有重要意义。

教师人格素养作为独立的教学能力要素，一直被古今中外的教育思想家高度重视。例如，苏霍姆林斯基认为，优秀的教师首先要具有尊重思想、尊重智力生活的人格品质。他还强调，优秀的教师必须具有充分信任学生和关爱学生的思想情怀。他说教师应把自己的心分给每个学生，在自己的心中应有每个学生的欢乐和苦恼，教师不能是一个冷漠无情的人，不能只有冷漠无情的理性态度，"教师的艺术和水平，表现在是否善于把热忱和智慧结合起来"。赫尔巴特则十分强调教师的自我形象："教育者本身对于学生来说也是一种丰富而直接的经验对象。的确，他们在课堂上相互进行交际，在这种交际中至少包含着与太古时代伟大的或者与诗人所清晰描写的人物之间进行交际的想象。"苏霍姆林斯基和赫尔巴特等思想家所强调的对智力的尊重、对学生的爱，以及教师的自我形象等，无疑是教师所应具备的优秀人格品质。教师的积极人格，是教育的伟大力量，也是教学能力的重要因素。从某种意义上讲，思想政治教育过程也是思想政治教育者用自己的模范行为对受教育者进行启迪和示范的过程。思想政治教育要真正发挥作用，一是靠真理的力量，二是靠人格的力量，但是这种人格力量恰恰容易被我们所忽视。有学者指出："我们在和未成年人打交道的时候，比较容易忽视我们的言行举止对他们的社会倾向产生的影响，或者说，我们不会认为这种隐性影响和其他某种显性影响同样重要。"

３.选择基本心智操作的依据

认知、情感、运用和元认知等，是包括教学活动在内的一般活动过程的基本心智操作形式，它们分别体现了能力在理智、动力、操作和调控等方面的特性。教学能力的外显特征，如语言表达的流畅性、课堂管理的有序性、合理组织教学内容等，从根本上说发生于一种内隐的心智运作，如认知预演、情感激发、调控反馈等。没有认知预演、情感激发、调控反馈等内隐的心智运作，就不可能有外显的能力表现。斯莱文认为，具有很强教学能力的教师一定是"有意识的教师"，有意识的教师就是启动自身的理智和情感，对教学活动进行积极思考、有效操作和动态调控的教师。有意识的教师会不断地思考希望学生实现的目标，思考自己所做的每一项决策对学生实现这些目标的作用。这样的教师有强烈的自我效能感或教师效能感，自我效能感就是相信自己能够完成某种行为或实现某个目标，"教师效能感对有意识的教师而言是一个极为关键的因素"。自我效能感对于教师和学生都具有重要意义。"如果学生有信心他们能够学会某种东西，那么他们更可能会付出努力去学习。但是，教师也必须对他们能够完成的任务具有自我效能感。"斯莱文所说的"有意识"和"自我效能感"，包含了能力的认知、元认知和情感机制。此外，对学习动机和人本身的认识与情感的体验，也是对能力要素进行激发和调控的重要心智操作形式。从某种意义上而言，教学过程既是一个理智活动场，也是一个情感互动场。比格十分强调教师对学生学习动机的体验："一个教师关于学习过程的本质的观点，大大地受他对人的动机的本质和根源的见解所影响。"著名人格心理学家奥尔波特也指出："学习理论（像心理学的许多其他理论一样），是以研究者对人性的概念为依据的。换句话说，每一位学习理论家都是一位哲学家，尽管他也许并没认识到这一点。"在这些教育思想家和心理学家看来，正是有了对人的本性、学习动机、效能感等方面的认知、理解、情感体验和反思等心智操作，人的素质和素养才能转化为现实的能力。

总之，要成为一名优秀的教师，就必须具有完成有效教学所需的"各种活动能力"。而这"各种活动能力"就是诸多能力要素和心智操作方式的有机组合。

第四节　高校思政理论课教师教学能力培养与提升

在新的历史条件下，高校思想政治理论课教师肩负着更为艰巨的责任和使命。切实加强思想政治理论课建设，充分发挥思想政治理论课在大学生思想政治教育中的主渠道作用，关键是加强教师队伍建设，进一步提高思想政治理论课教师队伍的教学能力。

一、思想政治理论课教师教学能力培养与提升的重要性

（一）"05 方案"实施以来教师队伍建设简要回顾

自"05 方案"实施以来，党中央高度重视思想政治理论课教师队伍建设，先后出台一系列文件，采取一系列措施，思想政治理论课教师队伍的教学能力得到极大提升。一是先后出台了《中共中央宣传部、教育部关于进一步加强高等学校思想政治理论课教师队伍建设的意见》（教社科〔2008〕5 号）、《普通高等学校思想政治理论课教师队伍培养规划（2013—2017 年）》（教社科〔2013〕4 号）、《普通高校思想政治理论课建设体系创新计划》（教社科〔2015〕2 号）、《高等学校思想政治理论课建设标准（暂行）》（教社科〔2011〕1 号）等文件，对思想政治理论课教师队伍建设做出了全面规划。二是构建了国家示范培训、省级分批轮训和学校全员培训的"三级培训体系"。三是实施一系列专项项目和专项计划，如启动实施骨干教师研修项目、示范培训项目、专项研修项目、社会考察项目、攻读博士项目，实施思想政治理论课教学研究项目、优秀中青年思想政治理论课教师择优资助项目、高校思想政治理论课教学方法改革项目"择优推广计划"、国内访学计划、教学科研团队择优支持计划等，评选思想政治理论课教师年度影响力人物。其中，高校思想政治理论课教学方法改革项目"择优推广计划"自 2013 年 9 月启动实施，每年立项建设 20 项入选项目和 30 项培育项目，并于 2014 年将入选项目的先进经验结集成册，出版《善教之道——高校思想政治理论课教学方法改革"择优推广计划"入选项目经验交流文集》。这些措施有效提升了思想政治理论课教师队伍的整体素质，有力推动了教学方式方法的改革和创新。

（二）进一步提升教师教学能力的必要性和紧迫性

应该看到，自"05方案"实施以来，尽管思想政治理论课教师队伍整体素质显著提升，但与所要求的水平相比还存在较大差距，有利于促进教学能力提升的机制和环境尚需进一步建设；部分教师在思想观念、教学理念和方式方法等方面需要进一步完善和改进，提升教学能力仍是一项紧迫的任务。

在学校管理和评价机制方面，高校教师学科专业能力和科研能力重于教学能力的思想观念，以及用学科专业能力和科研能力代替教学能力的各种考核与评价机制等仍普遍存在；提升学科专业能力和科研能力的制度与机制比较完善，而教学能力培养与提升尚未得到应有的重视；以物质手段激发教师教学外在动力的政策措施相对健全，而培养教师职业精神、激发教师教学内在动力的意识和办法还比较缺乏。

在教师培训方面，培训内容的针对性还不强，方式方法还不适应。教育教学基本理论和教学法原理的系统培训尚需加强，操作性和技术性的培训内容多，理论性和思想性的培训内容偏少；激励学院和教师组织参与教学能力培养积极性的政策措施还不够；培训的方式方法尚待改进，"微格教学"等个性化培训方式尚不丰富；学校、学院、教师联动的培训机制尚待建立。

另外，教师中还存在诸多认识误区和实践偏差，部分教师的教学能力亟待提高。例如，有些教师照本宣科，拘泥于书本的纯理论，不深入分析深层次的理论，不会理论联系实际，不谈自己的心得体会，缺乏与学生必要的交流，缺乏激情的调动与渲染，缺乏真挚的情感和理性的启发，忽视了学生的主体性；有的教师虽然采用了现代教育技术，但仅仅停留在以投影代替板书上；而有的年轻教师制作的课件色彩斑斓，影视动画交替出现，让人眼花缭乱、目不暇接，但却抓不住重心，忽视了思想政治理论课的思想性和政治性，也未必能起到教育教学的最佳效果；还有的教师的教学方法就是"调侃"，把思想政治理论课变成了一般的故事会或"调侃会"。以上描述尽管不一定客观、全面和准确，但这样的现象也确实存在。这表明，应不断培养和提升教师的职业素养和职业境界。

总之，进一步提升教师教学能力既是加强和改进大学生思想政治教育的根本要求，也是教师发展的内在需要，必须始终把教师教学能力培养和提升放在重要位置，把握培训重点、优化培训内容，努力破解制约和阻碍教师教学能力提升的制度和机制难题。

二、思想政治理论课教师教学能力培训的重点内容

教师教学能力的培养是一个系统工程，其中，教学能力培训是整个系统工程中的关键要素。教学能力培训也是一个涉及培训目标定位与价值取向、培训内容与培训形式、培训途径与培训方法、培训制度与培训机制等因素的有机整体。这里主要就教学能力培训的重点内容提出一点看法。我们认为，思想政治理论课教师教学能力培训要增强培训内容的系统性和针对性，围绕教师的思想政治素养、学科专业素养、教育教学理论素养、表达与交往素养、人格素养等开展专门培训。

（一）思想政治素养

加强思想政治素养培训，是思想政治理论课教师培训的首要任务。思想政治素养培训的目的主要有两个方面：一方面，提升教师的思想政治素养，要坚持不懈地对教师进行马克思主义立场、观点和方法的教育，进行党的政治纪律和政治规矩教育，进行党的路线、方针和政策教育，进一步坚定教师的理想信念。另一方面，要将教师的思想政治素养同教学目标、任务结合起来，努力提高教师把握课程属性和价值引导的能力，包括深刻认识党中央关于思想政治理论课"重要阵地""主干渠道""核心课程"的战略定位，充分认识思想政治理论课教学在大学生成长过程中的重要作用，深刻理解中国梦和中国道路对于高校思想政治理论课教学提出的新课题、新任务和新要求，正确处理思想政治理论课的思想性与科学性、学科性与整体性的关系以及思想政治理论课教学的思想性、规律性和艺术性的关系，全面把握思想政治理论课教学目标体系。在这个方面尤其要加强教学素材选择和运用能力以及学科知识的价值引导能力的培训。

1. 教学素材的选择能力

选择好教学素材，是把握思想政治理论课课程属性的重要能力要求。一切历史事实和社会现象，都能够作为教学素材，但是不同的历史事实和社会现象所承载的价值大不相同。从内容来看，可以作为教学素材的有自然的、历史的和社会的各类事实和现象；历史的和社会的素材中又有政治的、经济的、思想文化的、科技的等各个方面。不同的素材，其教育功能不仅取决于素材本身的客观性，还取决于教师认识和理解它的主观视角。因此，教师要通过培训，形成用政治的观点、育人的观点来看待和理解历史事实和社会现象的自觉意识，

增强对教学素材的选择能力，提升教学素材的品位和格调；要充分发掘教学素材中高尚、伟大、崇高、进步和审美的力量，增强教学的教育性。

2. 教学素材的运用能力

运用好教学素材，是把握思想政治理论课教学属性的重要能力要求。同样的教学素材被不同的教师来使用、以不同的视角来阐释，其教学效果也会不同。因此，在学会用政治观点、育人观点和教育性原则来选择教学素材的基础上，还要增强对教学素材的运用能力。要通过培训，使教师树立教学素材为教学目标服务的意识，学会对教学素材进行深入分析，避免教学材料的简单堆砌；善于从教学素材的个案性、局部性、片段性入手，帮助学生认识事物的整体性和普遍性本质，充分发挥教学素材的说明功能、解释功能和教育功能。

3. 学科知识的价值引导能力

发挥学科知识的价值引导作用，是实现思想政治理论课教学价值的重要能力要求。思想政治理论课的全部知识都是知识性与价值性的统一，思想政治理论课教学中知识传授的出发点和落脚点是帮助学生树立正确的"三观"，是以科学的理论为武器来澄清和批判各种模糊甚至错误的思想观念和价值取向及其产生根源、表现形式和危害后果等，是帮助大学生明辨是非曲直、正确认识纷繁复杂的社会历史现象，进而引导学生增强中国特色社会主义的"四个自信"。要通过培训，使教师认识到在教学中坚持价值引领是一种能力，认识思想政治理论课与通识教育课和人文素质教育课之间的联系和差异，学会在传播知识的同时始终把握知识本身的教育性意义，避免"为知识而知识"的现象。

（二）学科专业素养

加强学科专业素养培训，是思想政治理论课教师教学能力培训的重要内容。学科专业素养培训的目的主要有两个方面：一方面，培养教师渊博的学识、厚实的学术功底和宽广的学术视野。另一方面，提升和拓展教学的理论高度和理论深度。在这个方面，尤其要加强课程教学重点和难点问题、基本理论与当代中国实践、课程内部和课程之间知识的贯通性和整体性等方面的培训，提高教师对重大理论和现实问题的阐释能力。

1. 课程间知识的贯通能力

思想政治理论课教师学科专业素养培训，要突出课程间知识的贯通性和马克思主义的整体性。思想政治理论课以科目（课程）的形式存在，但它在内容上实质是一个具有综合性和贯通性的有机整体。在教学中，对重大理论和现实问题的回答需要综合运用多学科知识；贯通其他课程的知识来展开教学，既有助于促进学生的真正理解，又有助于学生形成对马克思主义整体性的认识。例如，结合近现代以来中国人民的革命、建设和改革实践来讲授马克思主义基本原理，可以促进学生对马克思主义基本理论的具体理解；结合马克思主义基本原理来讲授毛泽东思想和中国特色社会主义理论，可以促进学生对中国化马克思主义的深刻理解。因此，要通过培训，使教师增强对课程间知识的贯通能力，避免学科（课程）知识的孤立化，形成马克思主义理论的整体性知识结构。

2.对重大理论和现实问题的阐释能力

思想政治理论课教师学科专业素养培训，要注重提高教师对重大理论和现实问题的把握和阐释能力。王炳林指出："有些教师对重大理论和现实问题的把握还不够准确，解疑释惑的能力有待提高。"思想政治理论课教学要努力适应和满足大学生的理论需要，要正确阐释重大理论和现实问题。因此，要通过培训，使思想政治理论课教师善于运用联系的观点来分析和解读纷繁复杂的社会现象，善于运用发展的观点来分析和阐释我国经济社会发展过程中出现的各种困难和挑战，善于运用矛盾分析的方法来认识和阐明我国经济社会发展过程中出现的种种矛盾，从而提高其运用学科专业知识来科学阐释重大理论和现实问题的能力。

（三）教育教学理论素养

加强教育教学理论素养培训，是思想政治理论课教师教学能力培训的当务之急。教育教学理论素养是目前思想政治理论课教师教学能力结构的薄弱环节。因此，要通过教育教学理论素养培训，使教师掌握教育教学的基本原理，树立教育性教学、主体性教学、发展性教学和整体性教学等教学理念，掌握教学过程的本质与结构，理解主要教学方法及其基本规范和基本要求。

1.教学目标统摄能力

以教学目标统摄整个教学过程，是发挥思想政治理论课教学功能的重要能力要求。教学目标是教学的统摄性因素，教学的其他方面和其他要求都必须服务和服从于教学目标。因此，要通过培训，使教师掌握教育和教学的本质规定，理解教学过程内外部因素之间的本质联系，树立思想政治理论课教学的目标意识；理解教学目标的基本分类，明确教学目标的整体性；理解教学目标同教学内容、教学过程、教学方式方法、教学评价等之间的本质性联系，提高教师以教学目标统摄教学过程的能力。

2. 课型及其结构与规范

熟练把握课程的结构、遵循课程的组织规范，是教师最基本的能力要求。因此，要通过培训，使教师了解教学过程的基本结构，理解基本的教学行为及其要求，理解基本的教学模式和课型及其规范，掌握教师讲授型、学生活动型、师生互动型以及混合型等不同课型的基本结构与基本规范。

3. 教学策略与教学方法

有效运用教学策略和教学方法，也是教师最基本的能力要求。因此，要通过培训，使教师掌握各种学习理论的基本主张及其教学意义，理解主要教学方式方法的理论基础、教学功能及其适用条件，树立科学的教学理念，理解思想政治理论课教学的基本教学理念、教学原则、教学模式和教学方法及其规范性要求。

（四）表达与交往素养

加强表达与交往素养培训，也是思想政治理论课教师教学能力培训的重要内容。表达与交往素养培训的目的，是增强教师言语表达与非言语表达的规范性，提高课堂交往水平。

1. 言语表达与非言语表达的规范

教师的一切教学行为都离不开言语表达和非言语表达。因此，要通过培训，使教师明确言语表达和非言语表达的重要意义，理解思想政治理论课教学言语表达的内容与形式的规范性要求，理解言语表达的审美特征，理解非语言表达的主要形式及其与言语表达的相互关系，提高课堂表达的能力和水平。

2. 课堂组织管理策略

课堂组织管理是课堂教学的基本保障。因此，要通过培训，使教师明确高校思想政治理论课课堂管理的主要目标与基本任务，理解基于不同理论取向的课堂管理模式和策略及其基本特点，提高和谐课堂关系的建构能力。

3. 教学评价策略

教学评价是学校教学管理的重要组成部分。因此，要通过培训，使教师掌握教学评价的基本类型及其意义，了解思想政治理论课教学评价存在的主要问题，理解完善学生学习评价体系和改进教师教学评价体系的主要路径，不断提高其教学评价能力和水平。

（五）人格素养

人格素养是人民教师的核心素养，也是有效教学的基本保证。教师的言传身教是上好思想政治理论课的保障。教师要把知识讲授和价值观教育有机结合起来，既要有言传，更要注重身教，教师要成为学生做人的镜子，以身作则，率先垂范，以高尚的人格魅力赢得学生的尊重和爱戴。将人格素养纳入教师培训体系，其重点内容主要有两个方面。

1. 人格理论知识

关于人格的理论知识是提高人格自觉性的重要条件。因此，要通过培训，使教师掌握基本的人格理论知识，理解教师的兴趣爱好、个性特征、思维方式等对于教学的重要意义。

2. 教师人格魅力

教师的人格魅力是影响学生成长的重要力量。因此，要通过培训，使教师认识和理解思想政治理论课教学对于教师人格特征的基本要求，认识优秀教师的人格特质，提高对自身人格特征包括性格、气质、兴趣、能力、动机、心态、情绪、行为方式等的觉察性，提高增强自身人格魅力、运用积极人格力量引导学生成长的自觉性。

（六）教学反思能力

教学反思能力是教师教学能力的重要组成部分，是影响教学质量与教学效果的重要因素，也是当前教师教学能力培训的薄弱环节。加强教学反思能力培训，要突出以下两个方面。

1. 教学反思及其向度与水平

自觉进行教学反思，提高教学反思的水平，既是教师专业发展的内在要求，也是提高教育教学质量的必要条件。因此，要通过培训，使教师理解教学反思及其极端重要性，掌握教学反思的基本向度和主要方法，理解不同层次和水平的教学反思的基本特征。

2. 做反思型教师

要通过培训，使教师理解反思型教师的主要特点和教学反思的基本要求，树立教学反思的自觉意识，理解思想政治理论课教学反思存在的主要问题，从而把握反思对象、讲究反思方法、提高反思水平。

以上关于教学能力培训的内容，在当前教师培训内容体系中需要着力加强。

同时，要进一步研究思想政治理论课教师教学能力的要素和结构，不断完善教师队伍教学能力培训的内容体系。

三、思想政治理论课教师教学能力培养与提升的主要路径

教师教学能力培养与提升是一项系统工程，需要教育管理部门、学校和教师等不同主体的协同共建。近年来，各级教育管理部门和学校不断探索，已基本构建起包括顶层设计、三级培训体系、系列专项计划等在内的一整套教师队伍教学能力建设的制度和政策框架。因此，要在不断总结和巩固教师队伍建设经验的基础上，推进环境与制度建设、教师专业发展机制建设以及教师自我教育和自我发展，进一步改进和加强教师队伍教学能力建设。

（一）环境与制度建设

教师教学能力培养与提升，从表层上看主要是教学能力培训问题，而从深层次看则主要是学校文化环境和制度建设问题，即是否建构和形成一种有利于促进教师自觉加强教学能力自我培养和自我提升的文化与制度环境。正如张应强所指出的那样："教师教学能力建设重在制度建设。"这主要是因为，从总体上看，当前我国大学的内部治理结构是围绕学术和科学研究工作建立起来的。大学内部的各项制度设计，如人事制度、教师晋升制度、教师薪酬制度、教师考核制度、教师奖励制度，甚至国家层面的大学评价制度和管理制度，都是以科学研究为中心建立起来的，我们谈论大学的人才队伍建设，似乎只是教师的科研能力建设。从学校、院系到教师，人们感受到的压力主要来源于科研压力。对所有的大学教师，无论是公共课教师、专业基础课教师还是专业课教师，都统一用科研成果来评价和考量。而科研成果也只是专业领域的科研成果，关于教育教学的研究成果是不在其中的。教师是否自觉地加强教学能力的自我培养和自我提升，不仅取决于教师的职业精神，而且取决于学校内部的治理体系和治理结构。因此，必须通过制度建设营造一种重视教学、尊重教师劳动、重视教学学术、重视教学中心地位的学校氛围与环境。只有这样，才能培养和激发教师的教育专业精神，使大学教师专业化落到坚实基础上，而不是仅仅停留在空洞的教师职业道德教育上。

对于思想政治理论课教学而言，尤其需要一种有利于促进教师自觉加强教学能力提升的制度设计。一是改革和完善思想政治理论课教师薪酬制度、职称评聘制度、人事考核制度等，充分遵循思想政治理论课建设规律，充分重视教学学术的重要地位，充分激发教师的教育专业精神，建构和营造真正体现教学

中心地位的制度体系和文化氛围，从而激发教师自觉提升教学能力的积极性和主动性。二是改革和完善思想政治理论课教学质量评价制度，建构一般教学能力与思想政治理论课教师特殊教学能力相统一、教学表现性指标与实质性指标相统一的教学质量评价指标体系，处理好评教与评学的关系，增强信息采集的系统性与完整性，完善教学评价的反馈指导功能，从而为教师提升教学能力提供科学的评价指导。三是改革和完善学校资源配置制度，充分遵循马克思主义理论学科建设的规律，充分重视马克思主义学科的学科属性，建构真正体现马克思主义理论学科属性和学科建设规律的制度体系，从而激发马克思主义学院在教师教学能力提升工程中的积极性和创造性。

（二）教师专业发展机制建设

教师专业发展机制是提升教师教学能力的重要保证。学校及相关部门和马克思主义学院要科学规划、统筹协调，加强教师专业发展的机制建设。

学校要在改革和完善人事管理制度、教学评价制度和资源配置制度的基础上，进一步加强思想政治理论课教师专业发展机制建设，编制教师培训、教育专业精神培养、教师队伍激励、教学团队建设等方面的指导性文件，不断探索建立思想政治理论课教师荣誉体系、思想政治理论课名师工作坊、思想政治理论课教学工作坊，探索试行思想政治理论课教师任职标准和退出机制等，为促进学院和教师改进教学、提升教学能力提供坚实的制度和机制保障。

学校相关部门要在开展教师培训服务、提供教学咨询服务、组织教学改革研究、汇集优质教学资源、全面培养教师教育专业精神的基础上，把思想政治理论课教师教学能力提升作为工作重点。学校党委宣传部、人事部门、教务部门、教学督导部门和马克思主义学院要协同构建思想政治理论课教师培训认证体系，建设集思想政治素养、教育教学素养、学科专业素养、教育技术素养以及教师人格素养于一体的思想政治理论课教师培训内容体系；要加强思想政治理论课教学质量管理，建立健全教学督导信息的反馈机制，把教学问题反馈与教学经验反馈结合起来，把日常教学信息反馈与教学经验交流和教学研讨结合起来，把教学督导作为促进教师专业发展的有效手段；要研究和探索符合思想政治理论课课程属性和教学属性的教学评价指标，使督导和评价成为教师教学能力提升的重要保障。

马克思主义学院要在课程建设、集体备课、教学观摩等常规化工作的基础上，把教师教学能力建设纳入学院中心工作。一是在政策上向教学倾斜，营造"教学立院"的浓厚的学院文化氛围。二是协同学校有关部门，制定教师培训手册，实施系统化的教师培训，运用微格教学等形式开展教学反思和教学研讨，建设"愿讲、能讲、会讲"的教师队伍。三是点面结合，针对教师教学能力的薄弱环节，开展多种形式的针对性学习培训。四是加强教学团队建设，发挥优秀教师和教学团队的示范作用，使能力意识、精品意识和质量意识成为学院鲜明的组织文化。

（三）教师自我教育与自我发展

教师的自我教育和自我发展是教师教学能力提升的重要路径。

思想政治理论课教师要多读书、读好书、善读书。张雷声指出：思想政治理论课教师必须刻苦钻研马克思主义经典著作，深刻理解马克思主义的精神实质和思想精髓；必须读马克思主义学者和资产阶级学者的著作，在比较和辨析中加深对马克思主义理论的理解，真正掌握马克思主义理论的真理性和科学性；必须读人文社会科学方面的著作，掌握多方面的理论与实际知识。必须学习与马克思主义基本理论相关的各种背景材料、前沿学科知识和交叉学科知识等，不断调整和完善自己的知识结构。只有多读书、读好书、善读书，在思想政治理论课教学上才会有真知灼见，才会有进行马克思主义理论发展创新的深厚基础，才能是真正创新而不是标新立异，才会有清晰而准确、生动而形象的教学语言，才能真正将马克思主义理论渗透到大学生的世界观、人生观、价值观的形成、巩固和完善中去。

思想政治理论课教师要努力钻研教育教学理论，掌握教育教学规律。思想政治理论课教师不仅要具有丰富和广博的学科专业知识，而且要具有深厚的教育教学理论素养。只有这样，教师才能更好地和更自觉地遵循教学规律、遵循大学生对马克思主义的接受规律，也才能较好地激发学生的学习动力、有效组织教学内容、合理运用教学方法、有序展开教学活动，最终才能增强思想政治理论课教学的效果。

思想政治理论课教师还要善于开展教学反思，从反思中学习，做反思型教师。做反思型教师，就是做教学的有心人，积极主动地反思自身的教学行为和教学理念，积极主动地反思思想政治理论课教师的角色要求、素质标准和能力结构。思想政治理论课教师要不断认识和总结自身的教学优势、教学专长和能力缺陷，加强自我观察、自我学习和自我提高，使教学反思成为自身的一种生活方式。

参考文献

[1] 王道俊，郭文安. 教育学 [M]. 7 版. 北京：人民教育出版社，2016.

[2] 扈中平，李方，张俊洪. 现代教育学 [M]. 北京：高等教育出版社，2005.

[3] 裴娣娜. 教学论 [M]. 北京：教育科学出版社，2007.

[4] 石云霞. "两课"教学法研究 [M]. 2 版. 武汉：武汉大学出版社，2003.

[5] 陈万柏. 思想政治教育学原理 [M]. 北京：中国人民大学出版社，2012.

[6] 杨芷英. 思想政治教育心理学 [M]. 北京：中国人民大学出版社，2014.

[7] 吴庆麟，胡谊. 教育心理学 [M]. 上海：华东师范大学出版社，2017.

[8] 吴庆麟. 认知教学心理学 [M]. 上海：上海科学技术出版社，2000.

[9] 李维. 学习心理学 [M]. 成都：四川人民出版社，2000.

[10] 沈壮海. 思想政治教育的文化视野 [M]. 北京：人民出版社，2005.

[11] 林庭芳. 高校思想政治理论课教育教学现代化研究 [M]. 北京：人民出版社，2006.

[12] 陈雪斌. 高校思想政治理论课青年教师队伍研究 [M]. 桂林：广西师范大学出版社，2014.

[13] 郑金洲. 案例教学指南 [M]. 上海：华东师范大学出版社，2000.

[14] 杨慧民. 高校思想政治理论课案例教学法研究 [M]. 北京：高等教育出版社，2007.

[15] 魏青. 教育学 [M]. 成都：西南交通大学出版社，2006.

[16] 斯彼德. 绩效考评革命 [M]. 龚艺蕾，译. 北京：东方出版社，2007.

[17] 张耀灿. 现代思想政治教育学 [M]. 北京：人民出版社，2006.

[18] 申继亮, 刘加霞. 论教师的教学反思 [J]. 华东师范大学学报（教育科学版）, 2004（3）：44-49.

[19] 李卫红. 大力探索高校思想政治理论课教学方法改革 [J]. 中国高等教育, 2014（1）：4-6.

[20] 周选亮. 专题式教学：高职"概论"课教学改革的重要途径 [J]. 太原城市职业技术学院学报, 2009（6）：17-18.

[21] 张敏. 高职思想政治理论课实施专题式教学的思考 [J]. 湖南大众传媒职业技术学院学报, 2012, 12（2）：97-99.

[22] 姜大源. "学习领域"课程：概念、特征与问题：关于德国职业学校课程重大改革的思考 [J]. 外国教育研究, 2003（1）：26-31.

[23] 于海波, 马云鹏. 论教学反思的内涵、向度和策略 [J]. 教育研究与实验, 2006（6）：12-16.

[24] 吴舸. 教师教学反思行动的现状分析 [J]. 教学与管理, 2011（3）：53-54.

[25] 安富海. 教学反思：内涵、影响因素与问题 [J]. 河北师范大学学报（教育科学版）, 2010, 12（10）：80-84.

[26] 刘洪宇. 空间革命：高职院校开放发展的新起点 [J]. 长沙民政职业技术学院学报, 2011, 18（1）：8-14.

[27] 马可, 张艳霞. 正确发挥考评对大学生思想政治教育的作用 [J]. 理论学习, 2008（5）：30-31.

[28] 秦越存. 对评价标准问题的思考 [J]. 学术交流, 2003（7）：5-8.

[29] 王务均. 搭建大学生网络思想政治教育平台的经验与做法 [J]. 思想理论教育导刊, 2012（10）：87-89.

[30] 黄新民, 董文军, 张沁文. 高校信息化课程资源开发和利用的原则与方式 [J]. 教育与职业, 2007（26）：140-141.

[31] 张雷声. 马克思主义理论学科的科研类型和方法 [J]. 思想理论教育, 2015（10）：28-33.

[32] 刘文平. 高职院校思想政治理论课专题式教学模式刍议 [J]. 无锡职业技术学院学报, 2009, 8（6）：31-33.

[33] 陈春莲. 高职院校思想政治理论课信息化教学设计探索 [J]. 北京政法职业学院学报, 2014（2）：116-119.

[34] 施旭英, 霍福广. 马克思主义认识论与教学观的辩证关系 [J]. 南通大学学报（社会科学版）, 2014, 30（6）：11-15.

[35] 罗晓梅. 哲学社会科学理论要做到"三贴近"[J]. 重庆社会科学，2003（5）：14-16.

[36] 吴绍禹，刘世华. 试论思想政治理论课实践教学的内涵及环节 [J]. 黑龙江高教研究，2008（5）：166-168.

[37] 范唯，马树超. 切实解决提升高职教育教学质量的关键问题 [J]. 中国高等教育，2006（24）：40-42.

[38] 赵菊珊，马建离. 高校青年教师教学能力培养与教学竞赛 [J]. 中国大学教育，2008（1）：58-61.

后　记

　　政治信仰是思想政治理论课教师队伍教学能力的灵魂，树立坚定、正确的政治信仰是思想政治理论课教师队伍建设的灵魂。传道者自己首先要明道、信道。思想政治理论课教师必须坚定马克思主义和中国特色社会主义理想信念，对马克思主义真学、真懂、真信、真用，努力做先进思想文化的传播者和中国共产党执政的坚定支持者，做学生健康成长的指导者和引路人。

　　本书以思想政治理论课为研究对象，对高校思想政治理论课的教学实践展开了详细的论述，将教学论基本理论同思想政治理论课教学的重要问题结合起来，以期为高校思想政治理论课教师队伍教学能力的提升和高校思想政治理论课建设尽绵薄之力。

　　时光荏苒，从开始写作到完成，作者得到了社会各界人士的鼎力支持，在此表示由衷的感谢。感谢你们的支持，相信在你们的支持下，作者会有更大的成长与进步。